W0058651

DIE TRAUMFABRIK

Bavaria-Filmstadt Geiselgasteig
Ein Blick hinter die Kulissen

von ROLAND KELLER

Originalausgabe

WILHELM HEYNE VERLAG
MÜNCHEN

HEYNE FILMBIBLIOTHEK
Nr. 32/124

Herausgeber: Bernhard Matt

Redaktion: Cornelia Zumkeller

Umschlagfoto: Bavaria Film, München
Innenfotos: Bavaria Film (Fotografen: Karl Heinz Vogelmann, Jean-Marie Bottequin,
AMW, Karl Reiter, Jürgen & Thomas, Klaus Primke); Archiv Roland Keller; Archiv
Lothar Just; NDF; 20th Century Fox; Neue Constantin; ARD; SDR; WDR; CIC/UIP; ZDF;
Roland Zimmermann
Umschlaggestaltung: Atelier Ingrid Schütz, München
Printed in Germany 1988
Layout: Dieter Lidl
Satz: Fotosatz Völkl, Germering
Druck und Verarbeitung: Ebner Ulm

ISBN 3-453-02866-X

Inhalt

DANKSAGUNG

Der Autor bedankt sich für Hilfe und Unterstützung insbesondere bei Arthur Hofer, Michael Röhrig und den Mitarbeitern der Bavaria Pressestelle, Brigitte Huthmacher, Bernhard Kock und Christa Zachert.

Einleitung

»Vor Geiselgasteig – steht der Valentin,
er steht vor den Toren – selten war er drin.
Er hätte so gute Filmideen – doch wolln die Herrn
ihn nicht verstehn …«

Der geniale Münchner Volksschauspieler Karl Valentin über seine
Haßliebe zur Bavaria, die ihn recht selten rief.

Die Bavaria-Filmstadt – so steht es auf dem Titel – ist
Deutschlands Traumfabrik. Daß Filme im besten Sinne
wahr gewordene Träume sind, wird wohl kaum jemand bestreiten. Doch sind solche Träume tatsächlich in einer Fa-
brik herzustellen?
In der Traumfabrik Bavaria wird man vergeblich nach Ro-
botern und Fließbändern suchen, an denen, wie in Fritz
Langs Monumentalfilm *Metropolis,* willenlose Arbeits-
sklaven stehen und versuchen, mit schweren Hämmern
und Pressen Träume in kleine Filmdosen zu zwängen, die
sich später in den Kinos wie der Geist aus der Flasche auf
die weißen Leinwände retten.
Träume für die Leinwand wollen und müssen anders be-
handelt und bearbeitet werden, sollen sie im Herzen der
Zuschauer Platz finden.
Das hat man schon sehr früh entdeckt, nämlich als die ersten Filmpioniere mit ihren schwarzen Kästen auf Stelzen
das Filmemachen probten und das staunende Publikum
mit ihren laufenden Bildern entzückten oder erschreckten,
aber auf jeden Fall faszinierten.
Licht, viel Licht war nötig, um die Aufnahmen machen zu
können. Dann sollte möglichst ein Labor da sein, in dem
man das Material rasch entwickeln und das Werk – oft un-
geschnitten – begutachten konnte.
Rasch entstanden so Mini-Ateliers, die alles an einem Ort
boten: Aufnahmebühnen und Bearbeitungsräume. Die

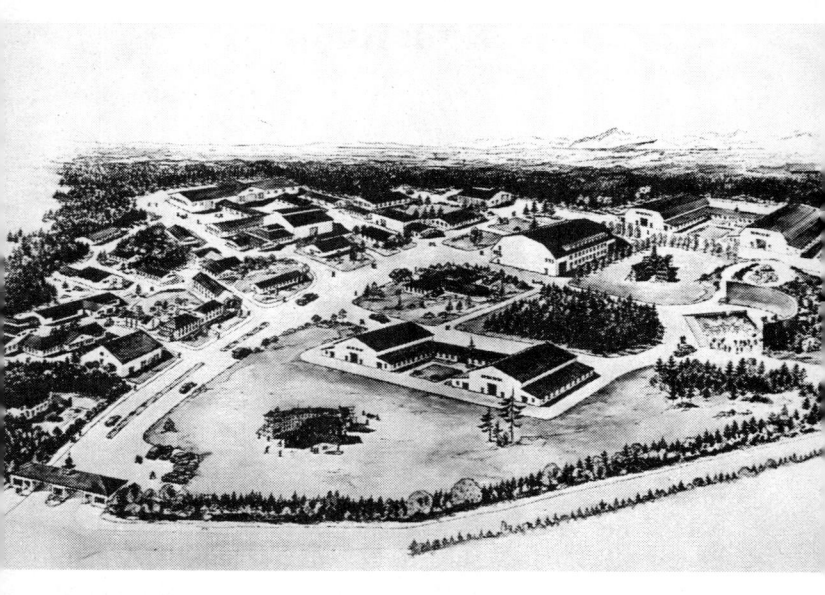

neue Kunst, 1895 von den Gebrüdern Auguste und Louis Lumière der Öffentlichkeit vorgestellt, wurde zu *dem* Medium des 20. Jahrhunderts und entwickelte sich in den USA und Europa boomartig zu einer Industrie, die sich mit anderen wichtigen Wirtschaftszweigen messen kann.

Aus anfangs kleinen, engen Hinterhofateliers wurden riesige Studiohallen, zuerst mit gläsernen Dächern – wegen des notwendigen Tageslichts –, dann zu Beginn der dreißiger Jahre mit schweren Schallschutztoren und Kamera-Ungetümen, damit ja kein falscher Ton das Bild stört.

Auch die Bavaria ist ein Kind dieser Entwicklung. Als ihrem Gründer Peter Ostermayr sein Atelier am Münchner Stachus zu eng wurde, erwarb er vor den Toren Münchens 1919 ein weiträumiges Areal, um dort ein Glasatelier zu errichten, das 1920 mit Ludwig Ganghofers Heimatdrama *Der Ochsenkrieg* eingeweiht wurde. Damit war der Grundstein zur Bavaria gelegt, die damals allerdings noch

Die Bavaria-Filmstadt einst und heute. Das Luftbild (Freigabe Reg. v. Obb. G4/30.926) mit der Filmstraßen-Dekoration (links hinten) zeigt deutlich die Veränderungen gegenüber der Zeichnung aus dem Jahr 1949.

EMELKA hieß – die Abkürzung für Ostermayrs Gesellschaft *M*ünchner *L*ichtspiel*k*unst. Das süddeutsche Pendant zur mächtigen UFA, dem einstigen deutschen Marktführer, kam in seiner wechselvollen Geschichte erst 14 Jahre später – zu Beginn der Ära des Tonfilms – zu seinem heutigen Namen, als auf dem Gelände in Geiselgasteig längst eine Filmstadt entstanden war.

Die Bilder haben in weniger als 40 Jahren nicht nur laufen – sie haben auch sprechen gelernt. Eine Herausforderung für die gesamte Filmindustrie und ihre Studios, die längst nicht mehr allein große Atelierhallen beherbergten, sondern zahlreiche technische und künstlerische Abteilungen: Ausstattungswerkstätten, Schneide- und Vorführräume,

Action-Darsteller Harry Piel feiert 1922 in Geiselgasteig sein zehnjähriges Filmjubiläum.

Das Glasatelier in Geiselgasteig Anfang der zwanziger Jahre.

ein Kopierwerk usw. Kurz gesagt, all das, was ein vitales Studio ausmacht – von der Dramaturgie bis zur vorführfertigen Filmkopie. Erfindungen und Entwicklungen kamen aus den Studios und hielten Einzug in sie, vom Farbfilm bis zur Fernsehelektronik, von den ersten Special Effects bis zur Blue-Screen-Tricktechnik und der dreidimensionalen Videoanimation per Computer. Der Computer ist heute im Studio allerdings nur ein handwerkliches Hilfsmittel. Die Filme und ihre Geschichten bestimmt der Mensch.

Das Studio, die Traumfabrik, ist kein Ort der Fließbandproduktion, sondern ein Platz, an dem auf kreative Weise viele Räder ineinandergreifen, um aus einer Idee einen

Traum herzustellen, der im Licht der Projektion sichtbar wird. Das hat sich auch im Zeitalter von Fernsehen und Video nicht geändert.

Kein Wunder, daß in unserer heutigen Zeit, obwohl Kino und Fernsehen längst zum Alltag gehören, vom Film und seinem Ort der Herstellung immer noch so viel Faszination ausgeht, ja alljährlich Hunderttausende Filmbegeisterte

›Die unendliche Geschichte‹: Bastian (Barret Oliver) stößt auf das Buch, das ihn in das Reich Phantasien führt.

Serien-Helden der Bavaria-Filmstadt: Beppo Brem und Maxl Graf in ›Die seltsamen Methoden des Franz Josef Wanninger‹, Lukas Ammann und

Wolfgang Völz in ›Graf Yoster gibt sich die Ehre‹, Klaus Wennemann als ›Fahnder‹ und das Tatort-Duo Götz George und Eberhard Feik.

Jürgen Prochnow als der ›Alte‹ im ›Boot‹.

durch die »heiligen Hallen« der Bavaria-Filmstadt in Geiselgasteig pilgern, um dort Filmluft zu schnuppern, wo Jürgen Prochnow und seine Männer im *Boot* ums nackte
Leben kämpften, Schimmi seine Gammeljacke über den
Kantinenstuhl hängt, Klaus Wennemann als *Der Fahnder*
für Action sorgt und die Leute von *Formel Eins* allwöchent-
lich ihr Sound- und Videospektakel auf den Äther bringen.
Man könnte diese Aufzählung fortsetzen, in die Vergan-
genheit und Zukunft der Filmstadt schauen, mit dem
Glücksdrachen Fuchur aus *Der unendlichen Geschichte*
fremde Welten entdecken und unterwegs dem Raumschiff
Orion zuwinken, das schon 1965 in den Orbit flog und
immer wieder neue Fans findet, mit Wanninger und Graf
Yoster Detektiv spielen und mit Simmel *Die wilden Fünfziger* feiern, den Anekdoten der Maler zuhören, die Liz Tay-

lors Garderobe pink anpinseln mußten oder der Fabel des fünften Aufnahmeleiters lauschen, der den *Profi* Belmondo bei einem Fußballmatch in einer Drehpause von *As der Asse* nicht nur angerempelt hat, sondern in der neuesten Stammtischversion satt zu Boden gehen ließ.

Ohne große Anstrengung käme man dabei auf einige tausend Namen. Von A wie Robert van Ackeren über V wie Karl Valentin und schließlich auch noch zum Z, wie Oscar-Preisträger Rolf Zehetbauer, um einen der vielen Künstler hinter den Kulissen zu nennen. Denn die Handwerker, Techniker, Spezialisten und Macher hinter den Kulissen, vom Besetzungschef bis hin zum Zimmermann (der freilich anders heißt und sich auf die Anforderungen beim Film spezialisiert hat), sind das eigentliche Kapital eines Studios. Ohne Modellbauer kein Boot, ohne Pyrotechniker keine Special Effects.

Die mühevolle Kleinarbeit und die Zusammenarbeit von der Idee bis zur ersten Kino- oder Sendekopie, sie sind es, was ein Studio ausmacht. Dazu gehören Planung, Fachkönnen und Wissen.

Erst wenn sich dies alles in der richtigen Mischung zusammenfindet, ist es möglich, einen Film zu machen. Wie das im einzelnen passiert, welche Menschen in einem Studio wie der Bavaria an den verschiedenen Prozessen mitwirken, das will dieses Buch zeigen. Freilich auch die wichtigsten Filme und einzelne Stationen der Geschichte dokumentieren, den Blick hinter die Kulissen der Filmtechnik ermöglichen – und natürlich auch ein bißchen Glamour verstreuen. Was wäre schließlich ein Studio ohne Stars? Die Stars in diesem Buch sind allerdings das Studio und seine Menschen.

Kintopp-Zeiten

Wie es zur Bavaria-Filmstadt kam

Der Gründer der Filmstadt Peter Ostermayr.

Hätten die Märchenerzähler aus *1001 Nacht* damals schon das Kino gehabt oder sich Aladin mit seiner Wunderlampe ein Kino gewünscht, den Erfindern der Kinematographie wäre viel Ruhm verwehrt und Arbeit erspart geblieben. Auch wäre der Drang nach immer neuen Kintopp-Storys um und nach der Jahrhundertwende wohl nicht ganz so groß gewesen. Aber so wurde den ersten Filmproduzenten so gut wie jeder Meter Zelluloid aus den Händen gerissen und durch abenteuerliche Vorführmaschinen gejagt. Belichtetes Zelluloid wurde wie Gold gehandelt, und wer auch noch etwas Talent hatte, der war ein König.

Der Münchner Peter Ostermayr hatte ohne Frage dieses Talent. Schon 1907 eröffnet er am Münchner Stachus sein erstes Filmatelier. Es entsteht aus einem umgebauten Fotoatelier am Karlsplatz 5 und hat die bescheidenen Ausmaße von 35 Quadratmetern. 1909 gründet er mit seinen beiden Brüdern Franz und Ottmar die Münchner Kunstfilm GmbH, die 1918 in Münchner Lichtspielkunst umbenannt wird und bereits ein Stammkapital von 300.000 Mark ausweist.

Nach dem Ersten Weltkrieg bricht in Deutschland ein wahrer Produktionsboom aus. Durch den niedrigen Wechselkurs der Mark sind ausländische Produzenten nicht daran interessiert, ihre Filme nach Deutschland zu verkaufen. Dagegen können deutsche Produzenten zu konkurrenzlos niedrigen Preisen ihre Filme auf dem Weltmarkt anbieten. Zu Beginn der zwanziger Jahre werden in Deutschland jährlich rund 400 Filme produziert (heute sind es nur etwa 70 Spielfilme). Von dieser Entwicklung profitiert auch Peter Ostermayr.

Zu Beginn seiner Karriere stellt Ostermayr hauptsächlich Landschaftsaufnahmen her, die dank ihrer hohen Qualität einen potenten Verleiher finden. Als das Publikum nach längeren und aufwendigen Filmen mit dramatischen Handlungen verlangt – die ersten Monumentalfilme machen Furore –, wird das Atelier am Karlsplatz für solche Großproduktionen zu klein. Schon 1908, als Ostermayrs Erstling *Die Wahrheit* unter beengten Verhältnissen gedreht wird, entsteht der Wunsch nach einem großen Atelier.

Dort, wo Ostermayrs Konkurrenten ihre Isar-Western drehen, in dem von Karl Valentin besungenen idyllischen Isartal in Grünwald, findet er schließlich zehn Jahre später ein ideales Gelände für ein Großatelier. In Geiselgasteig errichtet Ostermayr 1919 ein Atelier aus Glas.

Glasateliers waren damals das Modernste, was die Filmindustrie zu bieten hatte: Man brauchte viel Licht – und das war am billigsten und einfachsten durch die Sonne zu bekommen. Die Beleuchtungstechnik steckte noch in den Kinderschuhen.

Noch bevor das Glasatelier Richtfest feiert, entsteht in Geiselgasteig die Großproduktion *Der Brunnen des Wahnsinns*. Für diesen in Indien spielenden Film wird eine orientalische Kulissenstadt mit dem Namen Melka errichtet. Der Name kommt nicht von ungefähr. Das Markenzeichen der Münchner Lichtspielkunst, abgekürzt MLK, heißt EMELKA. Zum Namen Bavaria war es damals noch ein langer und wechselvoller Weg.

Denn die Höhen und Tiefen, die die Filmkunst und das Filmgeschäft seit Anbeginn durchlaufen, bleiben auch der Filmstadt in Geiselgasteig nicht erspart.

Mit dem Heimatdrama *Der Ochsenkrieg* wird das Glasatelier 1920 eingeweiht. Regie führt Ostermayrs Bruder Franz, der den Künstlernamen Osten wählt.

Schon 1921 erwirbt die EMELKA ein eigenes Kopierwerk. Die Weichen in Richtung Studiobetrieb sind damit gestellt. Bald darauf schließen sich die EMELKA und zwölf weitere Filmproduktionen zu einem Konzern zusammen, um konkurrenzfähig zu bleiben. Die neue Münchner EMELKA ist nun das süddeutsche Pendant zur mächtigen UFA in Berlin. 1923 verläßt Ostermayr die Gesellschaft, um in der damaligen Film-Hauptstadt Berlin eine neue Gesellschaft zu gründen. Bereits 1925 eröffnet die EMELKA ein Vertriebsbüro in London. Im gleichen Jahr dreht ein noch unbekannter Engländer, der seine Karriere als Filmarchitekt begonnen hatte, in Geiselgasteig seinen Erstling *The Pleasure Garden*. Der Anfänger heißt Alfred Hitchcock. 1926 zieht es ihn mit dem Stoff *The Mountain Eagle* (Der Bergadler) erneut nach Geiselgasteig. Der Film spielt allerdings nicht, wie man denken könnte, in den Alpen, sondern in Kentucky. Die Camouflage der Schauplätze – dort Indien mit ein paar geliehenen Elefanten vom

Das Atelier A und B ca. 1930.

nahen Tierpark, hier Kentucky – ist im Stummfilm gang und gäbe.

1926 geht der Kreuzer *Emden* im Studio unter *(Unsere Emden)*. Ein Studio B wird angebaut, so daß nun eine Halle von 35 Metern Tiefe zur Verfügung steht.

Die EMELKA erwirbt nach dem Vorbild der Berliner UFA eine eigene Theaterkette und weist nun alle Attribute aus, die ein Großstudio auszeichnen.

Doch damit sind die Schwierigkeiten des Konzerns schon vorprogrammiert. In den USA wird nämlich 1927 der erste Tonfilm produziert. Der Weiße Al Jolson macht in *Der Jazzsinger* in der Rolle eines schwarzen Sängers Karriere.

Europa zieht nach, denn der Tonfilm macht das Kintopp für die Zuschauer zum Kino. Patent- und Lizenzkriege um die Nutzung der neuen Technik bringen für die gesamte Filmwirtschaft eine Umwälzung, die auch an der EMELKA nicht vorbeigeht. Im Zuge der Toneinführung produziert sie mit Richard Tauber einige tönende Gesangs- und Opernfilme, darunter *Ich glaub' nie mehr an eine Frau*. Durch den Anbandel-Schlager *In einer kleinen Konditorei* schaffte es der gleichnamige EMELKA-Film, in aller Munde zu sein. Doch das hilft dem Konzern wenig, als es darum geht, die eigenen Kinos auf Tonfilmstandard zu bringen. Die notwendigen Investitionen lassen 1933 die EMELKA in die roten Zahlen rutschen. Dem Studio droht das Aus.

Im gleichen Jahr kann unter der Leitung von Kommerzienrat Krauss, der schon zuvor Mehrheitseigner war, die Krise bewältigt werden. Mit der Neuordnung erhält das Studio in Geiselgasteig seinen Namen, der es bis heute begleiten soll: Bavaria Film AG. Dieser Name wird zwar immer wieder neue Variationen erhalten, doch wenn man in München oder Hollywood von Bavaria Film spricht, weiß jeder, was gemeint ist.

Ab 1933 bestimmen die Nazis die Kultur- und Filmpolitik. Doch auch in der braunen Nazizeit bleibt die Bavaria das süddeutsche Glamourstudio. Offensichtliche Tendenzfilme, wie etwa *SA-Mann Brand,* entstehen wenige, denn Goebbels und Konsorten haben rasch erkannt, daß es besser ist, wenn die SA nicht auf der Leinwand marschiert, sondern der Volksgenosse bei unpolitischer Unterhaltung Entspannung findet.

1937 gerät die Bavaria erneut in eine Krise, aus der sie 1938 mit neuem Namen unter weitgehendem staatlichem Einfluß hervorgeht. Bavaria Filmkunst GmbH heißt das Studio nun bis Kriegsende. Zum neuen Firmenemblem macht man die »Pallas Athene«. 1938 entsteht nur ein einziger Film *(Dreizehn Mann und eine Kanone)*. Fremdproduktionen lasten das Studio aus. Aber schon 1939 geht es wieder aufwärts, zumindest was die Studioauslastung angeht: Für die elf geplanten Filme reicht diesmal die eigene Studiokapazität nicht. Die Bavaria weicht nach Rom zu Cinecittà und nach Prag in die Barrandov-Studios aus.

Während des Krieges entstehen in der Bavaria zahlreiche Unterhaltungsfilme, die helfen sollen, die Bombennächte vergessen zu machen.

Die Pallas Athene – ab 1938 das Emblem der Bavaria Filmkunst GmbH.

Zwischen gestern und morgen

Am 13. Juni 1945 wird das Studio geschlossen und unter die Kontrolle der US-Armee gestellt. Doch bereits 1946 gelingt es dem Treuhänder Fritz Thiery (dank des US-Filmoffiziers und Ex-UFA-Manns Erich Pommer), das Studio wieder zu eröffnen. Vorerst werden noch keine Filme produziert, dafür kommen die letzten Bavaria-Filme ins Kino. Unter größten Mühen wird in Geiselgasteig die Produktion angekurbelt. Materialmangel fordert Erfindergeist und Improvisationskunst. Einer der ersten technischen Mitarbeiter war damals Karl Baumgartner, der früh sein Talent bewies, trotz fehlender Ersatzteile Motoren und Maschinen in Gang zu setzen.

Regisseur Harald Braun (links) 1947 bei den Dreharbeiten zu ›Zwischen gestern und morgen‹, dem ersten Nachkriegsfilm, der in der Bavaria entstand. Rechts im Bild Viktor de Kowa und Sybille Schmitz.

Hildegard Knef und Hans Albers in Rudolf Jugerts Film ›Nachts auf den Straßen‹ (1951).

Heute ist er weltweit als der Special-Effect-Zauberer »Charlie Bum Bum« bekannt.

Der erste Nachkriegsfilm entsteht 1947 auf dem Gelände in Geiselgasteig und in dem zerbombten Hotel Regina am Maximiliansplatz unter der Regie von Harald Braun, und trägt den bezeichnenden Titel *Zwischen gestern und morgen.* Schon zwei Jahre später entsteht die erste Eigenproduktion der Bavaria *Das seltsame Leben des Brandner Kasper* mit Paul Hörbiger, Ursula Lingen und Carl Wery in den Hauptrollen.

Zu Beginn der fünfziger Jahre entwickelt sich die Bavaria zum wichtigsten Filmstudio der Bundesrepublik. Die Berliner UFA-Studios in Neubabelsberg liegen nach der Zweiteilung Deutschlands in der heutigen DDR und werden von der Ostberliner DEFA genutzt. Die Vormacht der »preußischen« UFA und der einstigen Filmmetropole Berlin ist damit gebrochen. Die Bavaria versucht nun, ihrer Rolle als größtes westdeutsches Studio gerecht zu werden. Schließlich braucht das Wirtschaftswunder seine Filme. Schwänke, Komödien, Heimatfilme und wenig Kritisches

Plakat zum gleichnamigen Film.

sollen beim Vergessen helfen. Die ersten US-Produktionen lernen die Vorzüge der Bavaria-Studios kennen: preiswerte und hervorragende Arbeit.

Bis heute ist die Bavaria ein wichtiger Gastgeber für große US-Produktionen.

Mit dem deutschen Film geht es wieder aufwärts.

Hans Albers hat es 1951 in *Nachts auf den Straßen* schon zum eigenen LKW gebracht und läßt sich von Hildegard Knef nur bedingt auf Abwege führen.

Ein Großbrand zerstört 1956 die Halle II während der Dreharbeiten zu dem Film ›Der Bettelstudent‹.

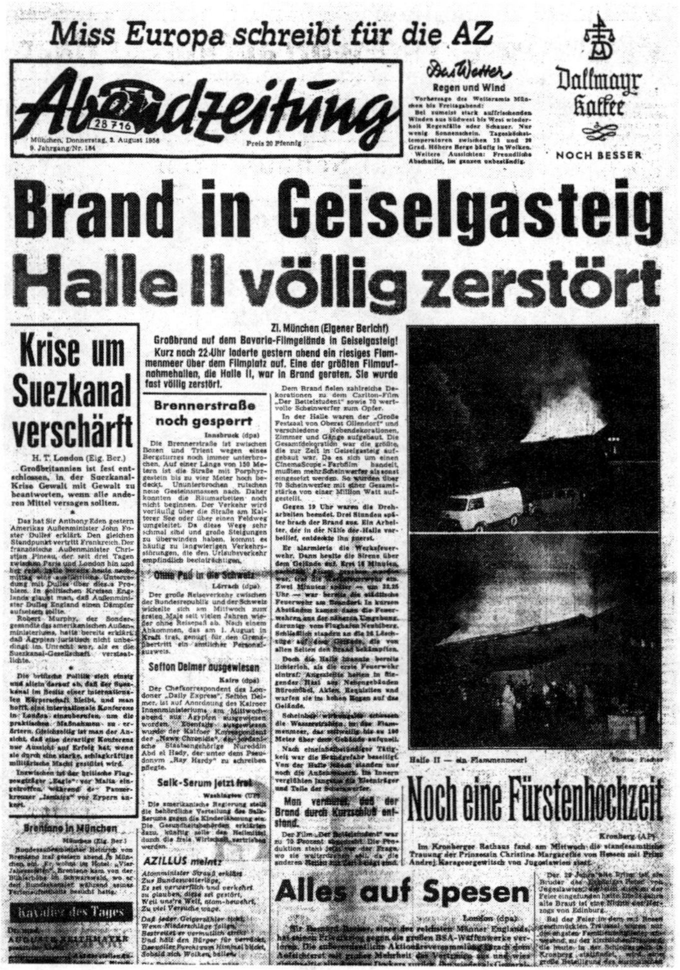

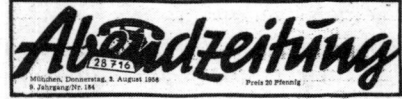

Miss Europa schreibt für die AZ

Abendzeitung

28 716

München, Donnerstag, 2. August 1956 · 9. Jahrgang/Nr. 184 · Preis 20 Pfennig

Das Wetter: Regen und Wind

Dallmayr Kaffee · NOCH BESSER

Brand in Geiselgasteig
Halle II völlig zerstört

Zl. München (Eigener Bericht)

Großbrand auf dem Bavaria-Filmgelände in Geiselgasteig! Kurz nach 22 Uhr loderte gestern abend ein riesiges Flammenmeer über dem Filmplatz auf. Eine der größten Filmaufnahmehallen, die Halle II, war in Brand geraten. Sie wurde fast völlig zerstört.

Dem Brand fielen zahlreiche Dekorationen zu dem Carlton-Film „Der Bettelstudent" sowie 70 wertvolle Scheinwerfer zum Opfer.

In der Halle waren der „Große Festsaal von Oberst Ollendorf" und verschiedene Nebendekorationen, Zimmer und Gänge aufgebaut. Die Gesamtdekoration war die größte, die zur Zeit in Geiselgasteig aufgebaut war. Da es sich um einen CinemaScope-Farbfilm handelt, mußten mehr Scheinwerfer als sonst eingesetzt werden. So wurden über 70 Scheinwerfer mit einer Gesamtstärke von einer Million Watt aufgestellt.

Gegen 19 Uhr waren die Dreharbeiten beendet. Drei Stunden später brach der Brand aus. Ein Arbeiter, der in der Nähe der Halle vorbeilief, entdeckte ihn zuerst.

Er alarmierte die Werksfeuerwehr. Dann heulte die Sirene über dem Gelände auf. Erst 18 Minuten, ... Zwei Minuten später — um 22.25 Uhr — war bereits die städtische Feuerwehr am Brandort. In kurzen Abständen kamen dann die Feuerwehren aus der näheren Umgebung, darunter vom Flughafen Neubiberg. Schließlich standen an die 26 Löschzüge auf dem Gelände, die von allen Seiten den Brand bekämpften.

Doch die Halle brannte bereits lichterloh, als die erste Feuerwehr eintraf. Angestellte holten in fliegender Hast aus Nebengebäuden Büromöbel, Akten, Requisiten und warfen sie im hohen Bogen auf das Gelände.

Scheinbar wirkungslos schossen die Wasserstrahlen in das Flammenmeer, das zeitweilig bis zu 100 Meter über dem Gebäude aufquoll.

Nach eineinhalbstündiger Tätigkeit war die Brandgefahr beseitigt. Von der Halle selbst standen nur noch die Außenmauern. Im Innern verglühten langsam die Eisenträger und Teile der Scheinwerfer.

Man vermutet, daß der Brand durch Kurzschluß entstand.

Der Film „Der Bettelstudent" war zu 70 Prozent abgedreht. Die Produktion steht jetzt vor der Frage, wo sie weiterdrehen soll, da die anderen Hallen zur Zeit belegt sind.

Halle II — ein Flammenmeer! · Photos: Fischer

Krise um Suezkanal verschärft

H. T. London (Eig. Ber.)

Großbritannien ist fest entschlossen, in der Suezkanal-Krise Gewalt mit Gewalt zu beantworten, wenn alle anderen Mittel versagen sollten.

*

Das hat Sir Anthony Eden gestern Amerikas Außenminister John Foster Dulles erklärt. Den gleichen Standpunkt vertritt Frankreich. Der französische Außenminister Christian Pineau, der seit drei Tagen zwischen Paris und London hin und her reist, hatte bereits heute nachmittag eine ausführliche Unterredung mit Dulles über dieses Problem. In politischen Kreisen Englands glaubt man, daß Außenminister Dulles England einen Dämpfer aufsetzen sollte.

Robert Murphy, der Sondergesandte des amerikanischen Außenministeriums, hatte bereits erklärt, daß Ägypten juristisch nicht unbedingt im Unrecht war, als es die Suezkanal-Gesellschaft verstaatlichte.

*

Die britische Politik stellt einzig und allein darauf ab, daß der Suezkanal im Besitz einer internationalen Körperschaft bleibt, und man hofft, eine internationale Konferenz in London einzuberufen, um die praktischen Maßnahmen zu erörtern. Gleichzeitig ist man der Ansicht, daß eine derartige Konferenz nur Aussicht auf Erfolg hat, wenn sie durch eine starke, schlagkräftige militärische Macht gestützt wird.

Inzwischen ist der britische Flugzeugträger „Eagle" vor Malta eingetroffen, während der Panzerkreuzer „Jamaica" vor Zypern ankert.

Brennerstraße noch gesperrt

Innsbruck (dpa)

Die Brennerstraße ist zwischen Bozen und Trient wegen eines Bergsturzes noch immer unterbrochen. Auf einer Länge von 150 Metern ist die Straße mit Porphyrgestein bis zu vier Meter hoch bedeckt. Ununterbrochen rutschen neue Gesteinsmassen nach. Daher konnten die Räumarbeiten noch nicht beginnen. Der Verkehr wird vorläufig über die Straße am Kalterer See oder über einen Feldweg umgeleitet. Da diese Wege sehr schmal sind und große Steigungen zu überwinden haben, kommt es häufig zu langwierigen Verkehrsstörungen, die den Urlaubsverkehr empfindlich beeinträchtigen.

Ohne Paß in die Schweiz

Lörrach (dpa)

Der große Reiseverkehr zwischen der Bundesrepublik und der Schweiz wickelte sich am Mittwoch zum ersten Male seit vielen Jahren wieder ohne Reisepaß ab. Nach einem Abkommen, das am 1. August in Kraft trat, genügt für den Grenzübertritt ein amtlicher Personalausweis.

Sefton Delmer ausgewiesen

Kairo (dpa)

Der Chefkorrespondent des Londoner „Daily Express", Sefton Delmer, ist auf Anordnung des Kairoer Innenministeriums am Mittwochabend aus Ägypten ausgewiesen worden. Ebenfalls ausgewiesen wurde der Kairoer Korrespondent der „News Chronicle", der jordanische Staatsangehörige Nureddin Abd el Hady, der unter dem Pseudonym „Ray Hardy" zu schreiben pflegte.

Salk-Serum jetzt frei

Washington (UP)

Die amerikanische Regierung stellt die behördliche Verteilung des Salk-Serums gegen die Kinderlähmung ein. Die Gesundheitsbehörden erklärten dazu, künftig solle das Heilmittel durch die freie Wirtschaft vertrieben werden.

Brentano in München

München (Eig. Ber.)

Bundesaußenminister Heinrich von Brentano traf gestern abend in München ein. Er wohnt im Hotel „Vier Jahreszeiten". Brentano kam von der Bühlerhöhe im Schwarzwald, wo er den Bundeskanzler während seines Ferienaufenthalts besucht hatte.

Kavalier des Tages

AZILLUS meint:

Atomminister Strauß erklärt
Zur Bundeswetterlage,
Es sei verwerflich und verkehrt
zu glauben, diese sei gestört,
Weil uns're Welt, atom-bewehrt,
Zu viel Versuche wage.

Daß jeder Geigerzähler tickt,
Wenn Niederschläge fallen,
Bestreitet er vermutlich strikt
Und hält den Bürger für verrückt,
Der voller Furcht zum Himmel blickt,
Sobald sich Wolken ballen.

Noch eine Fürstenhochzeit

Kronberg (AP)

Im Kronberger Rathaus fand am Mittwoch die standesamtliche Trauung der Prinzessin Christine Margarethe von Hessen mit Prinz Andrej Karageorgewitsch von Jugoslawien statt.

Der 29 Jahre alte Prinz ist ein Bruder des ehemaligen Peter von Jugoslawien, ... Feier eingefunden hatte. Die 23 Jahre alte Braut ist eine Nichte des Herzogs von Edinburg.

Bei der Feier in dem mit Rosen geschmückten Trausaal ... Kronberg stattfindet, ...

Alles auf Spesen

London (dpa)

Sir Bernard Docker, einer der reichsten Männer Englands, hat seinen Privatkrieg gegen die großen BSA-Waffenwerke verloren. Die außerordentliche Aktionärsversammlung sprach dem Aufsichtsrat mit großer Mehrheit das Vertrauen aus ...

Der Aufstieg der Bavaria ist auch durch den Brand der Halle II nicht aufzuhalten. Bald stehen schon wieder sieben Hallen für die Produktion zur Verfügung, die 1952 alle ausgebucht sind.

Um konkurrenzfähig zu bleiben, wird im gleichen Jahr ein eigenes Farbkopierwerk eingerichtet.

1953 werden 23 Filme auf dem Studiogelände realisiert. Neue Stars werden geboren, neue Gesichter begeistern das Publikum.

1955 wird die Bavaria Filmkunst GmbH aufgelöst und als Bavaria Filmkunst AG weitergeführt. Der erneute Verlust der Halle II – sie brennt am 1. August 1956 nach den Dreharbeiten zu *Der Bettelstudent* nieder – wirft die Produktionspläne zurück. Zwar schwelgt man bald wieder in beschwingten Kinorhythmen und preist Geiselgasteig stolz als größtes Studio Europas an. Doch die sorglose Welle, darunter Musikfilme mit Peter Kraus und Caterina Valente, nimmt dem Atelierbetrieb im Zeitalter des Fernsehens nicht die Sorgen ums Überleben. Der Kino-Glamour ist stumpf geworden.

Das Fernsehen

1959 heißt es endgültig »Aus« für die Bavaria Filmkunst AG. Die deutsche Filmindustrie ist nicht mehr in der Lage, das Großstudio mit seinen über 1000 festen Mitarbeitern zu tragen. Das neue Medium Fernsehen, das seit 1953 Programme, darunter auch Spielfilme, in die deutschen Wohnzimmer sendet, fordert seinen Tribut.

Für die schwer angeschlagene Bavaria ist dies (so absurd es auch klingen mag) die Rettung – und für das Fernsehen die einmalige Chance, sich einen hervorragenden Produktionsort anzueignen, der von den künstlerischen Mitarbeitern bis hin zur Technik Spitzenkräfte für einen Start in neue Medienzeiten bietet.

Am 1. Juli 1959 wird die Bavaria Atelier GmbH gegründet. Die neuen Herren kommen mehrheitlich vom Fernsehen (Süddeutscher Rundfunk und Westdeutscher Rundfunk). Systematisch wird das Filmstudio zur TV-Schmiede umgewandelt. Dennoch werden auch weiterhin Kinofilme als Dienstleistung hergestellt, wenn auch in viel geringerem Umfang als zuvor.

Bescheiden fängt das Fernsehzeitalter in Geiselgasteig an. Die neuen Chefs, der spätere Generaldirektor Helmut Jedele und Produktionschef Hans Gottschalk, fahren am 1. August mit einem VW Käfer von Stuttgart nach München, um dort ihre neue Aufgabe anzutreten. Unterstützt werden sie von zwei gestandenen Profis bei ihrer Aufgabe: Walter Pindter ist für den Studiobetrieb zuständig, und Herstellungsleiter Lutz Hengst hat in den fünfziger Jahren bereits zahlreiche internationale Filmproduktionen durchgeführt.

Über Arbeitsmangel brauchen sie nicht zu klagen. Im Gegenteil, das Fernsehen, vor allem der Partner WDR, der 25 % zum ARD-Programm beitragen muß, gibt einen Großteil davon bei der erfahrenen Bavaria in Auftrag, und

Wilhelm Borchert als ›Wallenstein‹ in Franz Peter Wirths Fernseh-Adaption von 1961.

das ist bis heute im wesentlichen so geblieben. Kein Wunder also, daß die Bavaria heute noch immer der größte deutsche Fernsehproduzent neben den Sendern ist.

Die Klappe zur ersten Bavaria TV-Produktion fällt am 24. November 1959 für *Der eingebildete Kranke*. Danach folgt *Johanna auf dem Scheiterhaufen*.

Die Stoffe findet man in Theaterklassikern und modernen Bühneninszenierungen, die mit großem Aufwand für das neue Medium eingerichtet werden. Der Ehrgeiz der Bavaria geht aber dahin, Originalstoffe und eine eigene, originäre Kunstform für den Bildschirm zu entwickeln: Es soll nicht Kino sein, aber auch kein abgefilmtes Theater. Aus

Dieter Hildebrandt ist bei der Bavaria auf der Suche nach der heilen Welt in ›Die gute alte Zeit‹.

diesen Anstrengungen heraus entsteht das klassische Fernsehspiel, das heute leider zunehmend von Serien verdrängt wird.

Wahrscheinlich ist nur wenigen Fernsehzuschauern bewußt, wie oft sie auf dem Bildschirm von der Bavaria unterhalten werden.

Es würde jeden Rahmen sprengen, wollte man die weit über 3000 Fernsehproduktionen, die seit 1959 entstanden sind, vorstellen. Der Blick auf gestern und heute gleicht eher einem Griff ins überreiche Bavaria-Archiv und kann nicht mehr als ein Versuch sein, Beispiele und Ausschnitte der Kreativität der Dramaturgen und Produzenten zu geben, ohne den Anspruch, eine Geschichte der Bavaria schreiben zu wollen. Geschichten gibt es allerdings viele zu erzählen. Da wären als erstes der Mut, die Begeisterung und Kreativität der frischgebackenen TV-Macher zu nennen, eine neue darstellerische Form für den Bildschirm zu entwickeln und dafür die wirtschaftlichen und technischen Bedingungen zu schaffen. Viele der Innovationen von damals sind heute selbstverständlich, etwa der Mehrteiler oder das politische Fernsehspiel.

Gründerzeitstimmung, unverbrauchte Talente und die Neugierde auf ein neues Medium sorgen für einen kräftigen Produktionsschub, der die Studiohallen belebt. Fast jeder Autor, der zu Beginn der sechziger Jahre Rang und

Hoher Besuch bei den Dreharbeiten zu ›Kleider machen Leute‹, links der ehemalige Bundespräsident Walter Scheel und rechts Hanns Lothar.

Namen hat, steht auf der Gehaltsliste der Bavaria. Bald ist der Studioname auch im Ausland ein Markenzeichen für TV-Spitzenklasse. Bestätigt wird dies der Bavaria durch zahlreiche wichtige internationale Fernsehpreise für ambitionierte Produktionen. Allein in den ersten zehn Jahren werden über 1000 Produktionen fürs Fernsehen hergestellt.

Seit Mitte der sechziger Jahre ist hierfür Helmut Krapp verantwortlich. Er ist Programmchef für die Sparten Fernsehspiel, Serie und Unterhaltung, dem wichtigsten Kreativzentrum des Studios.

Unter den Regisseuren dieser Zeit sind Rolf Hädrich, Günter Gräwert, Dietrich Haugk, Günther Hassert,

Darstellerdebüt: Rainer Werner Fassbinder (ganz rechts) in einer Nebenrolle des Bavaria-Films ›Al Capone im deutschen Wald‹. Im Vordergrund mit MP Will Danin.

Ewiges Eis in der Bavaria. Vor der Horizontwand wird eine Flugzeugat-trappe für den Expeditionsfilm ›Nobile – Sieben Wochen auf dem Eis‹ in Position gebracht. Im nächsten Bild trinkt die Mannschaft im Luftschiff Nobile auf das Gelingen der Expedition (von links): Claus Biederstaedt, Werner Kreindl und rechts Karl-Heinz Fiege und Volker Kraeft.

Regisseur Rainer Erler (links) legt 1969 zusammen mit Produktionschef Hans Gottschalk (rechts) für den Film ›Der Attentäter‹ eine Bombe.

Heinz Liesendahl, Gustav Rudolf Sellner, Hans Dieter Schwarze, Fritz Umgelter, Theo Mezger, Ludwig Cremer, Michael Braun, Reinhard Hauff, Paul Verhoeven und Rolf von Sydow. Einer, der bis heute populär und der Bavaria treu geblieben ist, ist der Regisseur Franz Peter Wirth. Zu seinen herausragenden frühen Produktionen gehört der Zweiteiler *Wallenstein*. In seiner Bavaria-Produktion *Al Capone im deutschen Wald* ist übrigens Rainer Werner Fassbinder in einer Nebenrolle zu sehen. Damals ahnte wohl niemand, daß Fassbinder rund zehn Jahre später in der Bavaria eine Hauptrolle hinter der Kamera spielen würde. Zu den aktivsten Autoren dieser Zeit gehören Oliver Storz und Helmut Pigge. Auch als Bavaria-Dramaturgen und -Produzenten haben sie maßgeblich zur Entwicklung des Dokumentarspiels beigetragen. Weitere Bavaria-Autoren sind damals unter anderen Heinar Kipphardt, Theodor Schübel, Karl Wittlinger, Martin Walser, Leopold Ahlsen, Dieter Hildebrandt, Peter Adler und Dieter Meichsner. Einer, dessen Talent als Autor und Regisseur Anfang der sechziger Jahre entdeckt wird, ist Rainer Erler. 1963 entsteht sein vielbeachteter und heftig diskutierter Film *Orden für die Wunderkinder.* Ein Film, der nicht nur für die Entwicklung von Rainer Erler wichtig, sondern auch ein typisches Beispiel für die zeitkritischen Arbeiten der Bavaria aus der damaligen Zeit ist.

Ausgezeichnet: Carl-Heinz Schroth in Erlers ›Orden für die Wunderkinder‹.

Neben ehrgeizigen und kritischen Dokumentar- und Fernsehspielen produziert man auch frühzeitig populäre Unterhaltungs- und Vorabendserien, für die es in Deutschland damals noch keine Vorbilder gibt.

Mit 35 Folgen der *Funkstreife Isar 12* legt Regisseur Michael Braun den ersten Seriendauerbrenner hin, der später vom *Seltsamen Wanninger* noch übertroffen wird. Erinnern Sie sich noch an *Graf Yoster,* den blaublütigen Sherlock Holmes aus Geiselgasteig? Sein Rolls-Royce ist immer noch fahrbereit!

Kommissare – um einen Sprung nach heute zu wagen –

›Funkstreife Isar 12‹ im Einsatz, Hauptdarsteller sind Karl Tischlinger und Wilmut Borell.

Beppo Brem, Karl Obermayer und Eduard Loibner in ›Die seltsamen Methoden des Franz Josef Wanninger‹, Folge 19 ›Blüten aus den Isarauen‹.

sind seit jeher Dauergäste im Studio. Dazu gehören die ZDF-Herren *Derrick* und *Der Alte* als Gäste auf dem Gelände wie auch die WDR-*Tatort*-Kommissare Haferkamp und Schimanski und *Der Fahnder*. In der Bavaria denkt man sich den neuen Bullentyp Schimanski aus, der so gar nicht in unsere Welt zu passen scheint – und trifft ins Schwarze. Es laufen heute noch Wetten, wie die Zuschauerquoten ausschauen, wenn Schimmi kopfdurchdiewand gegen ein Bundesligaspiel (Schalke gegen Bayern) antreten muß. Vom *Boot* (als LI) zum *Fahnder* bringt es Klaus Wennemann, der sich hinter Schimmi nicht verstecken muß. Konkurrenz im eigenen Haus? Das belebt – und man bleibt *Auf Achse*, um einen weiteren aktuellen Renner der Bavaria zu nennen.

Die Mannschaft des Raumkreuzers ›Orion‹, von links: Wolfgang Völz, Dietmar Schönherr, Eva Pflug, Friedrich-Georg Beckhaus und Ursula Lillig.

Graf Yosters Rolls-Royce.

Senta Berger in ihrer eigenen Show (1969).

Show-Time in den Studios für Marika Rökk und Cornelia Froboess.

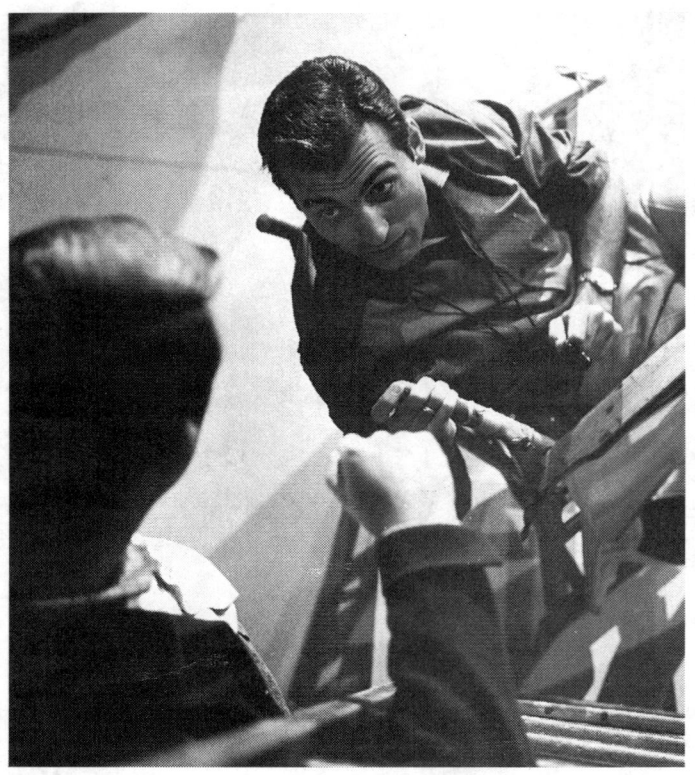

Michael Pfleghar bei den Dreharbeiten von ›Lieben Sie Show?‹ (1962).

Ausflüge in den Weltraum gefällig? Mit *Die phantastischen Abenteuer des Raumschiffes Orion* hat man eine Geheimwaffe gegen die US-Erfolgsserie um das *Raumschiff Enterprise* gefunden. Der Oldtimer ist auch heute noch auf dem Bildschirm ein Evergreen. Vielleicht war er 1965 seiner Zeit schon Lichtjahre voraus. Auch 25 Jahre nach der Produktion landet die Fanpost an das *Raumschiff Orion* trotz fehlender Adresse immer noch bei der Bavaria. Auch die leichte Muse boomt, ob es sich nun um Shows, Operetten oder Musicals handelt. Ab 1960 zündet Michael Pfleghar ein regelrechtes Feuerwerk an TV-Shows. Neben ihm und Heinz Liesendahl ist auch Reinhard Hauff einer der Unterhaltungsmacher der sechziger Jahre (1968 *Cinderella Rockefella),* bis es ihn zum Spielfilm zieht.

Doch wo bleibt das Kino?

Die Bavaria selbst verzichtet bis Ende der siebziger Jahre weitgehend auf Eigenproduktionen von Spielfilmen, führt aber zahlreiche große internationale Fernseh-Koproduktionen durch.
Natürlich stehen die Studiohallen weiterhin deutschen und

Regisseur Billy Wilder (ganz rechts) und Horst Buchholz bei den Dreharbeiten zu ›Eins, zwei, drei‹ zusammen mit Studio-Gästen.

internationalen Kinofilmproduktionen offen. Zum Ende der sechziger Jahre geht allerdings die Kinofilmproduktion immer weiter zurück. Der Glamour ist stumpf geworden, das große Kinosterben greift um sich.

Dennoch gibt es heute aus diesen Zeiten noch manchen Kinofilm zu entdecken, wie Billy Wilders freche und taufrische Ost-West-Komödie *Eins, zwei, drei,* für die 1961 der Flughafen Berlin-Tempelhof in die Halle 4/5 verlegt wurde.

Mitte der siebziger Jahre besinnt man sich wieder stärker auf die alte Kinotradition, was nicht zuletzt 1972 durch den Oscar-Regen für Bob Fosses *Cabaret* ausgelöst wurde. Ein Oscar geht auch an den verantwortlichen Bavaria-Archi-

Die Berliner Straße aus Ingmar Bergmans Film ›Das Schlangenei‹.

44

Bei den Dreharbeiten zu ›Jaider – der einsame Jäger‹ gibt Regisseur Volker Vogeler (links) dem Warhol-Star Louis Waldon und seinem Regiekollegen Johannes Schaaf Regieanweisungen.

tekten Rolf Zehetbauer. Damit wird die hohe Qualität des Studios bestätigt, was weitere internationale Produktionen nach Geiselgasteig bringt, darunter Ingmar Bergmans *Das Schlangenei.*
Ende der siebziger Jahre entdecken auch die neuen Kräfte des deutschen Films, die bisher die Arbeit an Originalschauplätzen vorzogen, das Studio. Voran Hans Jürgen Syberberg mit *Ludwig – Requiem für einen jungfräulichen König.* Fassbinder und danach Wolfgang Petersen sind es, die das Studio für die jungen Regisseure hoffähig machen.

In den siebziger Jahren entstehen über 1400 Produktionen in den Studios, der größte Teil fürs Fernsehen. Darunter: Volker Vogelers *Jaider, der einsame Jäger* – ein Heimatfilm, der dieses brave Genre gegen den Strich bürstet –, Reinhard Hauffs Räuberballade *Mathias Kneissl,* Franz Peter Wirths *Operation Walküre,* sein Siebenteiler *Die rote*

Pfleghars ›Zwei himmlische Töchter‹ Ingrid Steeger und Iris Berben zusammen mit Klaus Dahlen.

Kapelle und sein Sechsteiler *Alexander Zwo*. Mit *Die merkwürdige Lebensgeschichte des Friedrich Freiherrn von der Trenck* wagt Wirth einen Ausflug ins Mantel-und-Degen-

Genre. Rainer Erler blickt in fünf Folgen des *Blauen Palais* kritisch in die Zukunft, Wolfgang Staudte, der große Mann des deutschen Kinos, inszeniert den Tatort *Zwei Leben*, Jean-Pierre Ponelle adaptiert Orffs *Carmina Burana*, Wolfgang Petersen verfilmt Wolfgang Menges *Vier gegen die Bank*, Klaus Lemke dreht seine Schwabing-Komödie »Amore«, und Michael Pfleghar läßt die *Himmlischen Töchter* fliegen. Erneut interpretiert Franz Peter Wirth *Wallenstein*, diesmal in vier Folgen nach Golo Mann. Manch ein Leser wird sich auch noch an Michael Verhoevens Kinderserie *Krempoli – Ein Platz für wilde Kinder* erinnern und an Hans W. Geissendörfers Krimiserie *Lobster*. Fehlen darf in dieser Aufzählung auch nicht Günter Gräwerts Serie *Jauche und Levkojen*. Eine Außenseiterproduktion,

Rolf Boysen (zweiter von links) als Wallenstein bei einer Lagebesprechung mit seinen Generälen in der Verfilmung nach Golo Manns Vorlage.

Rainer Werner Fassbinder mit seinem Biberkopf (Günter Lamprecht) bei den Dreharbeiten zu ›Berlin Alexanderplatz‹.

DDR-Regisseur Egon Günther bei der Verfilmung von Lion Feuchtwangers ›Exil‹, im Hintergrund Kameramann Gerard Vandenberg.

Bei den Dreharbeiten zu ›Enemy Mine‹ von links: Architekt Rolf Zehetbauer, Cutter und Second-Unit-Regisseur Hannes Nikel, Bavaria-Geschäftsführer Günter Rohrbach und Regisseur Wolfgang Petersen.

›Das Boot‹ – Lagebesprechung in prekärer Situation.

E. T. aus Geiselgasteig: der Drac aus ›Enemy Mine‹. Hinter der Maske steckt Louis Gossett jr.

die provoziert, ist Rosa von Praunheims *Nicht der Homosexuelle ist pervers, sondern die Situation, in der er lebt.* Lange bevor die englische Komikergruppe *Monty Python* im Kino bekannt wird, widmet ihnen die Bavaria die TV-Show *Monty Python in Deutschland.*

1979 packt schließlich Rainer Werner Fassbinder Döblins Roman *Berlin Alexanderplatz* an und schafft ein international beachtetes Werk von über 15 Stunden. Der DDR-Regisseur Egon Günther verfilmt mit Lion Feuchtwangers *Exil* ein weiteres wichtiges Kapitel jüngster deutscher Geschichte. Zu diesen ambitionierten Produktionen Ende der siebziger Jahre gehört auch Klaus Emmerichs Adaptation von Horst Bieneks *Die erste Polka,* zu der Bienek und Helmut Krapp das Drehbuch schrieben.

Die achtziger Jahre bringen dem Studio neue Herausforderungen: *Das Boot* beweist den hohen Standard der Bavaria und schafft die Basis für weitere Großprojekte, darunter Wolfgang Petersens *Die unendliche Geschichte* und *Enemy Mine*. Mit diesen Produktionen und technischen Innovationen setzt das Studio erneut Maßstäbe. Daneben entstehen zahlreiche andere Kinofilme, darunter Peter Zadeks *Die wilden Fünfziger,* Peter F. Bringmanns *Der Schneemann,* Dominik Grafs *Die Katze,* Dieter Dorns *Faust* und die beiden Schimanski-Kinofilme *Zahn um Zahn* und *Zabou* von Hajo Gies.

Ein Parka für zwei: Schimmi Götz George mit seinem Regisseur Hajo Gies.

Marius Müller-Westernhagen spielt in Peter F. Bringmanns ›Der Schneemann‹ die Titelrolle. Mit seiner Gegen- und Mitspielerin Cora (Polly Eltes)
hat er sich wieder einmal in eine gefährliche Lage gebracht.

Manfred Krug und Rüdiger Kirschstein, die beiden Trucker aus der Er-
folgsserie ›Auf Achse‹.

›Die wilden Fünfziger‹ – Gruppenfoto mit Braut: von links Christine Kauf-
mann, Regisseur Peter Zadek, Kameramann Jost Vacano und Hauptdarsteller Jurai Kukura.

Zu den herausragenden Fernsehproduktionen gehören
Bernhard Sinkels Mehrteiler *Bekenntnisse des Hochstap-
lers Felix Krull* und *Väter und Söhne*, Klaus Emmerichs
Rote Erde, Franz Peter Wirths *Ein Stück Himmel*, John
Goldsmiths *Der Leutnant und sein Richter*, Wolfgang
Staudtes *Satan ist auf Gottes Seite*, Peter F. Bringmanns
zweiteiliger Polit-Thriller *Gambit*, Ulrich Edels Ambler-
Verfilmung *Eine Art von Zorn*, Dominik Grafs *Treffer*,
Reinhard Dongas *Das Hintertürl zum Paradies*, Wolfgang
Panzers *Liebfrauen* und Stephan Meyers Spionagegro-
teske *Schlüsselblumen*. Nach Vorlagen von Vicki Baum ent-
stehen *Hell in Frauensee* (Regie Wolfgang Panzer) und *Die*

53

›Die Knapp-Familie‹ und ihr Anhang. Mitte: Rosel Zech und Eberhard Fechner. Im Uhrzeigersinn von oben links: Beate Finckh, Verena Reichardt, Martin Sperr, Christiane Leuchtmann, Wolfgang Büttner, Erika Strotzki, Nikolaus Paryla, Herbert Steinmetz, Else Quecke, Ulrich Gebauer und Ralf Potz.

goldenen Schuhe (fünf Folgen, Regie Dietrich Haugk). Neben Der Fahnder und den Schimanski-Tatorten gehören zu den bekanntesten und beliebtesten Serien der achtziger

Jahre *Büro, Büro,* die *Knapp-Familie,* »Auf Achse«, *Land-luft,* und *Kalendergeschichten* (mit Hans Joachim Kulen-kampff).

Mit der aufwendigen, im High-Tech-Bereich spielenden Serie *Eureka* liefert die Bavaria einen spektakulären Beitrag zur neugegründeten europäischen Produktionsgemeinschaft, deren deutscher Partner das ZDF ist.

Vergessen darf man freilich auch nicht den Dauerbrenner *Formel Eins.* Diese vitale Popsendung erinnert zwar nur entfernt an die frühe Musikshow-Tradition der Bavaria, ist aber durchaus ein Beleg für die Kontinuität der Arbeit in der Fernsehproduktion.

Das Studio

Alljährlich überfliegen Millionen Fluggäste die Bavaria-Studios, doch nur wenige erkennen, daß beim Landeanflug nach München-Riem eine ganze Filmstadt unter ihnen liegt. Erst auf den zweiten Blick läßt sich das Studio mit seinen riesigen Hallen von einem x-beliebigen Betriebsgelände unterscheiden. Zuerst fällt eine Potemkinsche Straße auf. Hier ist alles Fassade, nichts, außer Stützpfeiler, dahinter. Einige hundert Meter weiter ein ähnliches Bild – ein überdimensioniertes Schwimmbecken mit einer

Studioteilansicht mit der Außendekoration für ›Rote Erde‹.

Der Rundhorizont bei den Dreharbeiten zu ›Karussell der Liebe‹ (1953).

scheinbar sinnlosen Horizontwand. Vielleicht entlockt das Ganze unserem unbekannten Fluggast ein »Die spinnen ja, die Bayern«. Zu mehr kommt er wohl nicht mehr, denn seine Maschine dürfte inzwischen (hoffentlich) sanft auf dem Rollfeld gelandet sein.

Auch wenn sie auf den ersten Blick aus der Luft nicht als Filmstudio zu erkennen ist, präsentiert sich die große alte Dame des deutschen Films recht eindrucksvoll. 356 000 Quadratmeter groß ist das Gelände, also gute 600 Meter lang und ebenso breit. Das Freigelände, eine Parklandschaft mit Wald, Wiesen und Hügeln, umfaßt allein 160 000 Quadratmeter und bietet eine Menge Platz für Außenaufnahmen jeder Art. Der Berliner Wald in Fassbinders *Berlin Alexanderplatz* ist gleich hinter den Hallen 6 und 7. Auf

57

dem Studiogelände liegen die Motive also sprichwörtlich um die Ecke, und die Möglichkeiten für Außenaufnahmen und Bauten scheinen unbegrenzt. Damit nicht genug. *Das Boot,* vielmehr seine kleineren Modellbrüder, haben auf dem Gelände das Tauchen gelernt, in einem Wasserbecken von 2000 Quadratmetern Größe. An dem Becken ragt eine Horizontwand 14 Meter in die Höhe, bei einer Breite von 50 Metern.

Tagelang haben Unterwasserkameraleute mit Spezialkameras das Boot in den trüben Fluten verfolgt. Die Aufnahmen wurden später mit infernalischem Sound als Bilder eines authentischen Wasserbombenangriffs in den Film montiert. Lug und Trug also? Natürlich! Ohne den kommt Film nicht aus. Nur draufkommen darf einem dabei keiner. Die Tiefen des Atlantiks reichen bis Geiselgasteig, das Studio macht's möglich. Auch die sogenannte Horizontwand mußte für so manchen Bluff herhalten. Erinnern Sie sich an den spannenden Moment, als *Das Boot* bei Mondschein lautlos in den spanischen Hafen Vigo geschlichen ist und jeder der 43 Mann Besatzung den Atem angehalten hat? Vigo lag beim Drehen ebenfalls in Geiselgasteig und war fast so flach wie eine Landkarte. Mit viel Farbe und Können hat der Kunstmaler Frieder Thaler die Hafenstadt Vigo auf und vor der Horizontwand erstehen lassen. Ein paar

Außendekoration der EMELKA-Studios in den zwanziger Jahren.

Unterwasseraufnahmen für ›Das Boot‹.

Die Berliner Straße wird im Stil der zwanziger Jahre für Bergmans ›Das Schlangenei‹ errichtet. Es werden gerade die Trambahnschienen verlegt.

Löcher im Prospekt mit abwechselnd blinkenden Lampen dahinter verstärkten die Illusion einer realen Szene. Kinokosmetik für unsere Augen.

Die wurde auch mit der 240 Meter langen ehemaligen »Berliner Straße« getrieben. Diese Straßendekoration wurde für Ingmar Bergmans Film *Das Schlangenei* errichtet, der 1976/77 in der Bavaria entstand und im Berlin der frühen dreißiger Jahre spielt. Die Straße verläuft in einer ganz leichten Kurve, damit ihr Ende nie, die Illusion störend, im Bild erscheint. Über das harte und echte Filmpflaster schritten als erste Stars David Carradine und Liv Ullmann. Bis zu ihrem Abbruch im Jahr 1986 diente die Straße mit ihren bis zu 18 Meter hohen Häusern über 50 Produktionen als Kulisse. Eine Straßenbahn vervollständigte die Illusion der Reichshauptstadt an der Isar. Inzwischen gibt es längst wieder eine neue Filmstraße, die zur Abwechs-

Ein fremder Planet in Halle 9. Wolfgang Petersen mit seinen beiden Hauptdarstellern Louis Gossett jr. und Dennis Quaid.

lung nun »Münchner Straße« heißt, weil sie mit der bayerischen Fernsehserie *Löwengrube* eingeweiht wurde. Ihr Erbauer, der Architekt Helmut Gassner, der auch die Filmsiedlung *Rote Erde* entwarf, hat sich für die »Münchner Straße« ein paar Schmankerl einfallen lassen. So gibt es nun zusätzlich Einmündungen, Plätze, Höfe und permanent bespielbare Fassadenteile. Die Gesamtlänge beträgt 310 Meter.

Das A und O eines Studiobetriebs sind die Studiohallen und ihre Einrichtungen. Insgesamt bietet die Bavaria heute sieben moderne Hallen in unterschiedlichen Abmessungen.

Das ›Innenboot‹ auf der Wippe in der Halle 4/5, mit der starke Sturmbewegungen erzeugt werden konnten.

Für Billy Wilders Spielfilm ›Eins, zwei, drei‹ wurde 1961 der Flughafen Berlin Tempelhof in die Halle 4/5 verlegt. Auf dem Flugfeld (mit Hut) Hauptdarsteller James Cagney.

Mit Halle 9, 1985 zu den Dreharbeiten von *Enemy Mine* eingeweiht, kann die Bavaria stolz auf die größte Studiohalle in Europa verweisen. Auf ihren 2650 Quadratmetern konnte Wolfgang Petersen bequem den Sternenkrieg proben. Ein riesiges Wasserbecken läßt auch für zukünftige U-Bootschlachten keine Wünsche offen.

Nur wenig kleiner ist die Halle 4/5 mit knapp 2100 Quadratmetern, die nach dem harten *Boot*-Einsatz dringend eine gründliche Renovierung nötig hatte, um danach für die Belmondo-Produktion *As der Asse* eine Originalnachbil-

Für ›Abenteuer im Spielzeugland‹ wurde die Zeche Siegfried aus ›Rote Erde‹ zur Town Hall umfunktioniert. Im Bild Regisseur Clive Donner mit ›E. T.‹-Star Drew Barrymore.

dung von Hitlers Obersalzberg aufzunehmen, freilich mit dazugehöriger Landschaft, plus gewünschtem Regenwetter und Sonnenschein. Merke: Im Studio ist der Regisseur sein eigener Wettergott. Billy Wilder verlegte 1961 für seine Ost-West-Komödie *Eins, zwei, drei* den gesamten Berliner Flugplatz Tempelhof in die Halle 4/5 – und kein Zuschauer durchschaut bis heute seinen Bluff. Architekten, Ausstatter, Kunstmaler und Beleuchter sind die Komplizen bei diesen Tricks.

Fassbinder zog mit *Lili Marleen* in die Halle 3, die knapp 900 Quadratmeter groß ist. Clive Donners Produktion *Abenteuer im Spielzeugland,* die die gesamte *Rote Erde-*

Kulisse in sweet pink tauchte, machte aus den Hallen 6 und 7, jede etwa 750 Quadratmeter groß, eine riesige Plätzchenfabrik. Ein Paradies für Kino-Naschkatzen.

In der Halle 1 (584 Quadratmeter) hatte einst *Felix Krull* sein Boudoir aufgeschlagen.

Vergessen darf man freilich nicht die Halle 10. Ein Winzling, allerdings mit Pep, Pop und Power – in ihr entsteht die wöchentliche *Formel Eins*-Sendung.

Als ständige Kulisse wird auch die Filmvilla in der Nähe des »Bootes« genutzt. Sie ist aus wetterfesten filmischen Werkstoffen gefertigt und hat variable Innenräume. Er-

›Bekenntnisse des Hochstaplers Felix Krull‹ mit (von rechts) Pierre-François Pistorio, Marie Colbin und John Moulder-Brown als Krull.

richtet wurde diese Villa, um Kosten zu sparen. Die Tages-mieten für reale Villen in der Münchner Umgebung spren-gen inzwischen die Etats einer Produktion. Außerdem wer-den bei Dreharbeiten auf dem Gelände teure Transportko-sten gespart.

Die Filmvilla hat bisher als Kulisse für *Der Fahnder, Der-rick, Der Alte, Zabou, Die Katze Felicitas* und *Bitte laßt die Blumen leben* gedient.

Doch was ist mit den anderen Gebäuden und Hallen? Eine der großen Hallen enthält wahre Schätze, die den Bastian aus der *Unendlichen Geschichte* mit Leichtigkeit von sei-nem staubigen Speicher gelockt hätten.

Über 10 000 Möbelstücke und 60 000 Beleuchtungskörper aller Stilepochen und Tausende von Requisiten lagern in der Fundushalle. Für Ausstatter und Requisiteure eine wahre Fundgrube.

Ein Paradies für Technik-Freaks ist die Halle mit Bühnen-geräten, Scheinwerfern und sonstiger Filmtechnik. In einem eigenen Hallenkomplex sind die Werkstätten für die Herstellung von Ausstattungsgegenständen und Dekora-tionen untergebracht. Viele Dekorationen werden im soge-nannten Vorbauzentrum exakt vorgefertigt, um dann in kürzester Zeit in den Hallen aufgebaut zu werden. Hier gibt es die Schreinerei und die Schlosserei, die Lackiererei, die Kulissenmalerei, die Plastikgießerei und natürlich das Zauberreich der Special-Effect-Leute. Vorsicht, explosiv!

So dramatisch geht es in der Tonabteilung nicht zu, dort hat in den Aufnahme- und Synchronstudios vor allem Ruhe zu herrschen. Für die Tonaufnahme und -mischung sind heute millionenschwere Geräte notwendig, damit der Sechska-nal-Dolby-Sound auch tatsächlich für die Dramatik im Kino sorgt. Angeschlossen an die Tonabteilung sind zwei Vorführstudios, die V1 und die V2. Die V1 zählt mit ihren etwa 60 Sitzplätzen zu den schönsten und technisch best-ausgerüsteten Kinos in Deutschland.

Meist kommen die professionellen Zuschauer aber nur für

kurze Zeit in den Genuß eines Kinovergnügens in der Bavaria, beim abendlichen Betrachten der sogenannten Muster, der Filmausbeute vom Vortag.

Im Schneidehaus sind die 45 Schneideräume untergebracht, die Arbeitsklausen der Cutter.

Zum Schluß noch ein Blick in ein Herzstück des Studios: das Kopierwerk. 30 Millionen Meter Film laufen alljährlich durch die Maschinen, bevor das belichtete Negativ schließlich entwickelt und schnittbereit vorliegt. Nach Schnitt und komplizierten Lichtbestimmungen werden vom Negativ und dem Ton-Negativ die Kino- oder Sendekopien gezogen.

Publikumsträchtige Kinofilme kommen in der Bundesrepublik auf bis zu 300 Kopien, bei etwa 2500 Metern pro Kopie reicht das für ein Band quer durch die Republik.

Wie die großen Sendeanstalten unterhält das Studio auch Ü-Wagen. Mit dem Ü-Wagenpark sind alleine schon 300 »WWF-Clubs« übertragen worden. *Live aus dem Alabama* schlug mit über 200 Übertragungen zu Buche, ungezählt die Bundesligaspiele, die ohne tv-mobil nie auf die Mattscheibe in unsere Wohnzimmer gefunden hätten. 200 bis 300 Stunden Live-Übertragungen pro Jahr stehen auf dem Programm. Das Spektrum reicht von der Popsendung bis zum Gottesdienst, sogar der Segen des Papstes bei seinem Deutschlandbesuch lief erst über die Bavaria-Regiepulte. Jährlich werden auch noch 20 bis 30 Musikclips und weit über 100 Werbespots produziert.

Auch beim Vertrieb von Videos ist die Bavaria seit 1980 dabei, über ihre Halbtochter »EuroVideo«. Kopiert werden die Kassetten freilich in den Bavaria Video-Kopierwerken, die in Berlin liegen.

Die Werkstätten und Ausstatter der Bavaria sind nicht allein für Kino und Fernsehen aktiv. Das BMW-Museum wurde inklusive der Demonstrationsvideos von der Bavaria eingerichtet. Rolf Zehetbauers Arbeit (er ist Chef des

Design-Center und der Ausstattung) begegnet man auch in den Käfer-Markthallen bei Hertie am Münchner Hauptbahnhof sowie in Münchner Luxushotels. Ganz in seinem Element war er freilich, als er Michael Graeters Münchner Kinos »Veranda« und »Cadillac« ausstatten durfte. Das »Cadillac« präsentiert sich im Zuschauerraum als echter Sechziger-Jahre-Cadillac. Die Türen sind überdimensionalen Reifen nachempfunden, an den Seiten gibt es riesige Fensterkurbeln, und vor der Leinwand fehlt nicht mal der Rückspiegel, der zur Projektion hochgeklappt wird.

In Geiselgasteig entstehen also nicht nur Dekorationen und Straßen, hinter denen nichts ist als Luft und Illusion – Phantasie und Design von Filmausstattern ist auch im Alltag gefragt. Aus diesem Grund hat sich die Bavaria ein eigenes Design Center für ihre außerfilmischen Aktivitäten zugelegt.

Daß sich diese vielen Aktivitäten der Bavaria und ihrer einzelnen Abteilungen positiv auf die Bilanz auswirken, liegt nahe. Mit einem Umsatz von nahezu 200 Millionen Mark dürfte die Bavaria immerhin ein Fünftel des Gesamtumsatzes der bayerischen Filmindustrie bestreiten. Bei der Bavaria entstehen jährlich über 150 Stunden Film für Kino und Fernsehen. Damit ist sie ein wichtiges Rückgrat für die deutsche Filmindustrie. Vergessen darf man freilich auch nicht die vielen Schätze in den Archiven. Hier warten Tausende Stunden Film darauf, wieder aufs neue entdeckt zu werden. Daß viele dieser Oldies auch Goodies sind, zeigt heute noch die große Fangemeinde der Serie *Die phantastischen Abenteuer des Raumschiffes Orion,* die schon 1965 entstand. In Geiselgasteig wird nicht nur Zukunft produziert, man packt sie auch an. Seit 1988 existiert das neue hypermoderne Videozentrum. Es wird nicht nur den neuen Erfordernissen der Videoproduktion gerecht, sondern stößt auch für den Kinofilm neue Türen auf. Erste Erfahrungen mit Großrechnern und Videotechnik sammelte man bei *Enemy Mine*. Dabei ist nicht daran gedacht, den 35- und 16-mm-Film zu verdrängen. Im Gegenteil, speziell für die Postproduktion (die Nachbearbeitung bis zur vorführbereiten Kopie) von Kinofilmen bietet Video in Verbindung mit leistungsfähigen Computern ungeahnte Möglichkeiten.

Angst, daß hierbei der Mensch überflüssig wird, braucht man nicht zu haben. Tricks und Effekte muß er noch immer selbst entwerfen.

Berufe beim Film

Wie kommt man zum Film? Eine gute Frage, die leider nicht mit einem Satz zu beantworten ist.

Stars, wenn man der Legende glauben will, werden ja üblicherweise entdeckt, starten ihre Karriere also aus dem Nichts. In München ist die Leopoldstraße die Traummeile für alle, die es zum Film zieht. In den Glamour-Cafés des Flanierboulevards gibt sich eine Menge auffälliger Herren so, als würde ihre Profession mit dem Buchstaben P wie Produzent anfangen. Ob ihre »Entdeckungen« dann aber auch tatsächlich vor einer Filmkamera landen, darf man bezweifeln.

Ohne harte Arbeit und viel Glück läßt sich auch beim Film keine Karriere machen. Ausnahmen bestätigen nur die Regel. In diesem Kapitel geht es nicht um Tips und Tricks, wie Starträume wahr werden, es geht um die Arbeit hinter der Kamera und den Kulissen.

Ein Film und ein Studio, das sind vor allem die Menschen. Ohne ihre Ideen, ihre Kreativität und ihre Arbeit würde die Leinwand weiß bleiben, der Bildschirm dunkel.

In einem englischsprachigen Prospekt über das Studio heißt es nicht umsonst: »Bavaria is people« – und das vor allen Dingen. Und nicht nur vor oder hinter der Kamera. Zum Gelingen eines Films tragen nicht nur die Berufe bei, die unmittelbar mit den Dreharbeiten verbunden sind. Die Vielfalt der Aufgaben und die enge Zusammenarbeit unterschiedlicher Abteilungen halten ein Studio am Laufen, machen es erst aus. Ohne das menschliche Miteinander kann kein Studio existieren. Insgesamt gibt es in der Bavaria heute über 30 kaufmännische, künstlerische und technische Abteilungen. Noch mehr als andere Betriebe lebt ein Studio vom Teamgeist. Die Kette reicht vom Dramaturgen bis zum Spezialisten im Kopierwerk, von der Idee bis zur fertigen Kinokopie. Seit der Stummfilmzeit sind durch umwälzende technische Entwicklungen und künstlerische Herausforderungen neue Berufe hinzugekommen. Andere Arbeiten haben sich spezialisiert oder verteilen sich auf mehrere Personen. Der Kameramann steht längst nicht mehr an der Kurbel, sondern benötigt heute für seine technisch und künstlerisch anspruchsvolle Arbeit mehrere Assistenten.

Für viele Berufe und Aufgaben gibt es keine »akademischen« Ausbildungswege. Gefragt sind Autodidakten, die ihr Handwerk bei vielen verschiedenen Meistern lernen. Wolfgang Petersen hat *Das Boot* auch nicht als Abgänger der Berliner Filmhochschule gemacht. Rund zehn Jahre sollte es dauern, bis er seine ganz große Chance bekam. Geduld, Ausdauer, Ideen und Kreativität sind die Voraussetzungen für eine Karriere beim Film oder in einem Studio.

1920, als Franz Osten in dem ersten gläsernen Studio Ganghofers *Ochsenkrieg* verfilmte, arbeiteten gerade 30 Menschen im Studio. Bis Ende der fünfziger Jahre waren in der Bavaria weit über 1000 Mitarbeiter beschäftigt. Heute zählt der Bavaria-Stab etwa 700 Festangestellte in allen Bereichen. Daneben greift das Studio aber immer wieder auf eine Vielzahl freier Mitarbeiter zurück, um sie für den Zeitraum einer Produktion zu verpflichten.

Ein Blick auf die Chronologie einer Filmproduktion zeigt die verschiedenen Berufe und Aufgaben bei der Herstellung eines Films.

Am Anfang steht der Autor, der von sich aus eine Idee entwickelt oder einen Auftrag von einem Produzenten erhält. Der Produzent als Chef der Produktion hat vielfältige künstlerische und kaufmännische Aufgaben: Er besorgt den Filmstoff und das Geld zu Realisation, wählt einen Regisseur und einen Produktionsleiter, der für die technische und wirtschaftliche Durchführung verantwortlich ist, und er organisiert den Verkauf des fertigen Films – im Idealfall schon vor Beginn der Dreharbeiten.

Filmteams einst und heute: Luis Trenkers ›Der Feuerteufel‹ von 1941 und Wolfang Petersens ›Das Boot‹.

Ist das Drehbuch fertiggestellt und von allen beteiligten Geld- und Auftraggebern abgesegnet, beginnt die Phase der sogenannten Vorproduktion. Der Produktionsleiter erstellt einen Drehplan und eine Kalkulation: Beide bilden den zeitlichen, räumlichen und wirtschaftlichen Rahmen einer Produktion. Regisseur und Produzent besetzen gemeinsam die wichtigsten Rollen. Der Regisseur wählt seinen Kameramann und Cutter. Produzent, Regisseur, Kameramann, Produktionsleiter und Architekt suchen die Drehorte und planen die notwendigen Studiobauten. Der Produktions- oder Herstellungsleiter engagiert nun die

einzelnen Teammitglieder, von den Fahrern über die Beleuchter, den Bühnenhandwerkern, den Masken- und Kostümbildnern bis hin zu den Stuntleuten. Parallel hierzu werden die notwendigen Bauten in den Werkstätten in Angriff genommen und die Requisiten besorgt. Mit dem Aufnahmeleiter zusammen organisiert der Produktionsleiter generalstabsmäßig die Einsätze jedes einzelnen Teammitglieds und der notwendigen Technik. Den Ablauf am Drehort überwacht der Aufnahmeleiter.

Vom ersten Drehtag an ist auch das Kopierwerk in die Arbeit einbezogen. Täglich, oft noch in der Nacht, wird das

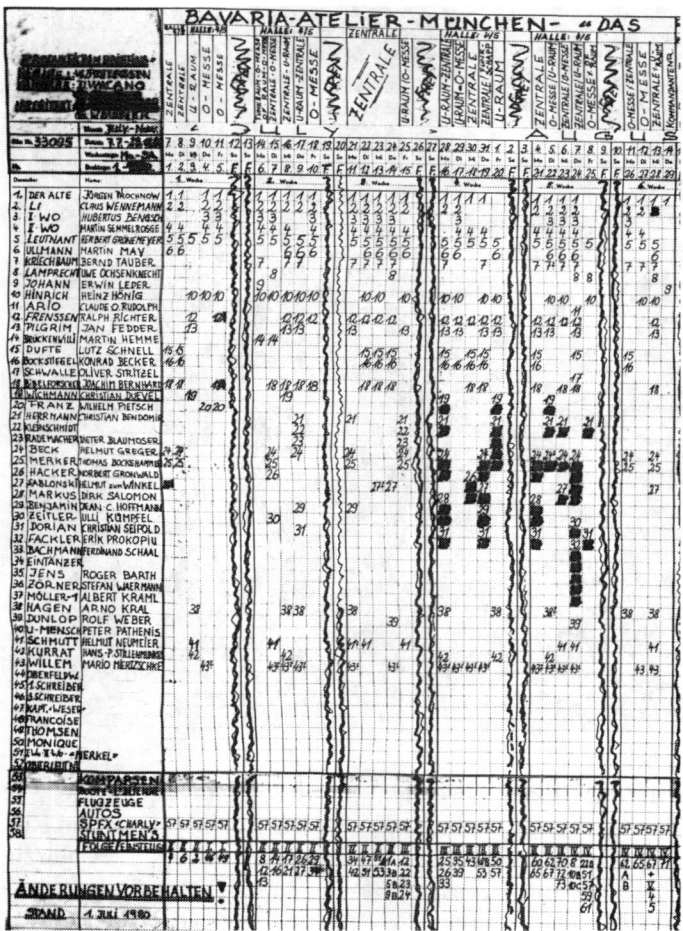

Ausschnitt Drehplan ›Das Boot‹.

belichtete Material entwickelt. Schon einen Tag später begutachten Produzent, Regisseur, Kameramann und Cutter das gedrehte Material (die sogenannten Muster). Der Regisseur legt dabei fest, welche Szenen für den Rohschnitt verwendet werden, und gibt dem Cutter Anweisungen für die Montage.

Nach Abschluß der Dreharbeiten (bei einem Film oder Fernsehspiel erstreckt sich die Drehzeit in der Regel über vier bis sechs Wochen, bei größeren Spielfilmen sind es sogar zehn bis fünfzehn Wochen) beginnt die Phase der Nachproduktion, die Nachbearbeitung. Die zentrale Arbeit hierbei ist die Montage des Films durch den Cutter und den Regisseur. Spätestens jetzt muß auch die Musik komponiert und aufgenommen werden.

Muß der Film nachsynchronisiert werden, kommen die Schauspieler erneut ins Studio. Im Tonstudio wird vom Tonmeister aus den verschiedenen Bändern (Musik, Sprache, Geräusche) die Tonmischung erstellt. Bevor das Negativ geschnitten wird, findet erst noch eine »Abnahme« durch Regisseur und Produzent statt, um letzte Änderungen festzulegen. Nun beginnt im Kopierwerk die komplizierte Endbearbeitung. Tricks und Blenden werden gefahren, Titel aufgenommen und Farbkorrekturen durchgeführt.

Ist die letzte Korrekturkopie von Regisseur, Kameramann, Cutter sowie dem Produzenten und seinen Partnern abgenommen, können die Kinokopien oder eine Sendekopie gezogen werden.

Schon dieser kurze Blick hinter die Kulissen einer Filmproduktion macht deutlich, daß bei großen Projekten weit über 100 Mitarbeiter beteiligt sind – vom Autor bis hin zum Film- und Videolaboranten im Kopierwerk.

Von der Idee zum Drehbuch

Die Bavaria ist heute das einzige deutsche Studio, das eine eigene Dramaturgie hat, also eine eigene Redaktion mit einem kreativen Produzentenstab besitzt. Dort werden Stoffe entwickelt, geprüft, an professionelle Autoren vergeben und bis zur Drehreife bearbeitet. Oft werden dem Studio Stoffe angeboten. Es kann eine knapp dargelegte

```
BAVARIA FILM GMBH                        "F A U S T"
Prod.Rainer Wemcken                      Produzent    Günter Rohrbach
Bavariafilmplatz 7                       Regie        Dieter Dorn
8022 Geiselgasteig                       Ausstattung  Jürgen Rose
Tel.: 089/64 99 2895/                    Kamera       Gernot Roll
              2656                       Architekt    Helmut Gassner
                                         Prod.Ltg.    Rainer Wemcken
                                         Prod.-Nr.    34.500


               D I S P O S I T I O N
               _____

          für Donnerstag,den o3.12.1987
              - 22. Drehtag -


DREHORT; BAVARIA FILM              ARBEITSBEGINN:
         Halle 4/5
                                   AUFN.LTG.     :  o8.15
                                   GARDEROBE     :  o8.15
                                   MASKE         :  o8.15
                                   AUSSTATTUNG   : eig.Dispo
                                   REQUISITE     :  10.00
                                   SPEZ.EFFEKT   :  10.00
                                   BÜHNE/BEL.    :  10.00
                                   BÜHNENTECHNIK:  o9.30
DREHBEGINN:  10.15                 KAMERA        :  10.00
PAUSE     :  ca.14.00              TON           :  10.00
DREHENDE  :  20.00                 REGIE         :  10.00


BILD-NR.          BILD            ROLLEN          DEKORATION

1.) Rest B.9      Forts.Hexenküche Faust          Hexenküche
                                  Mephisto
                                  Hexe
                                  Meerkater
                                  Meerkatze
                                  Helena
                                  5 Tiere
-------------------------------------------------------------------
2.) Rest B.9                      Faust           Blue Screen,
                                                  Halle 1
-------------------------------------------------------------------
3.)  10           Strasse         Faust
                                  Mephisto
                                  Gretchen
-------------------------------------------------------------------
4.)  Maskentest für Bild 12 mit M.Hell,K.Riemann,N.Klingner


ABLAUF:

10.15-ca.13.00:   Rest Hexenküche
13.00-ca.16.00:   Faust vor Blue Screen
16.00-ca.19.30:   Bild 10 / ab 19.30 Maskentest
```

Disposition des ›Faust‹-Films von Dieter Dorn (1987/88).

76

ROLLE	DARSTELLER	ABHLG.	GARD.	MASKE	DREHFERTIG
Faust	Helmut Griem	selbst	o9.10	o9.15	10.15
Mephisto	Romuald Pekny	o8.45	o9.15	o9.30	10.30
Gretchen	Sunnyi Melles	ab 12.30 auf Abruf			
Hexe	Maria Nicklisch	o8.35	o9.15	o9.30	10.30
Meerkater	Michael Tregor	o7.50	o8.25	o8.30	10.30
Meerkatze	Judit Achternbusch	o7.35	o8.25	o8.30	10.30
Helena	Andrea Sawatzki	n.Absprache um o9.15			
5 Tiere	A.Müller-Schiekofer,				
	J.Vossenkuhl,				
	H.v.Wieckowski,	selbst	10.00	n.Abspr.	10.15
	T.Bischof,				
	N.Klingner				

	Mathias Hell	⎫	selbst		
	Katja Riemann	⎬	selbst		
	Norbert Klingner	⎭	-	18.30 n.Abspr.	19.30

BEMERKUNGEN:

Maske	Marion Preisinger auf Abruf ab 12.30 h
Beleuchtung	Umzug mit Blue Screen Equipment in Halle 1, ca. 13.00 (Elektrokarren)
Ausstattung	s/by für Umbau ca. 13.00
Regie/Kamera	9.00 h Muster Kopierwerk
Maske/Kostüm	Für Faust "jung" bitte unbedingt Muster-okay abwarten!

Vordisposition für Freitag,den o4.12.1987

Bild 11 Abend   H.Griem,R.Pekny,S.Melles (H.Griem b.14.00 abgedreht

FAHRDISPOSITION:

DB JENS DÖLDISSEN	o8.35	ab Denningerstr.100,München 81, Tel. 91 31 14, mit Frau Nicklisch
	o8.45	ab Neufahrnerstr.24,München 80, Tel.: 98 74 36, mit Romuald Pekny
	o8.50	ab Orleansplatz 2,München 80, mit K.Schwarzburg (wartet)
	o9.15	an M/G, Halle 4/5

Idee, ein Roman oder gar ein fertiges Drehbuch sein. Der Autor oder Agent ist natürlich felsenfest überzeugt davon, daß sein Stoff die ideale Grundlage für einen Film abgibt. Nur wenige der rund 1000 Drehbücher oder Filmideen, die jährlich bei der Bavaria landen, haben eine Chance, realisiert zu werden. In Hollywood heißt es gar, daß unter 1000 Büchern nur ein erfolgreiches ist. Und das gilt es zu finden. Ein Stab von professionellen Lesern, sogenannten Lektoren, siebt für die Bavaria das Angebot. Lektorieren ist ein Geschäft, bei dem der Frust einkalkuliert ist. »Es ist wie die Suche nach der Stecknadel im Heuhaufen«, so ein Lektor, »mit Kino-Glamour hat diese Arbeit nichts zu tun.« Ein Hollywood-Mann ließ sich gar zu dem Ausspruch hinreißen, daß 50 % der unverlangt zugesandten Drehbücher in Stil und Idee »den Leser beleidigen, 20 % an Körperverletzung grenzen«. Das solide Handwerk des Drehbuchschreibens war bislang in der Bundesrepublik nicht zu lernen. Drehbuchautoren sind Autodidakten. Der Beruf kann über den Journalismus, die Schriftstellerei oder die Theaterarbeit führen. Eine Reihe der jungen Bavaria-Autoren hat die Grundlage des Handwerks auf der Filmhochschule im Rahmen eines Regiestudiums gelernt.

Produzent

Der Produzent muß den Markt kennen, Gespür für die Wünsche des Publikums haben – und erkennen, ob der angebotene Stoff vielleicht ein Wurf werden könnte. Kurz, er muß heute eine Nase für das haben, was übermorgen gefragt und bei Sendern und Auftraggebern durchsetzbar ist.
In der Regel verläßt sich ein kreativer Produzent allerdings nicht darauf, was ihm angeboten wird, sondern er entwickelt selbst oder zusammen mit Autoren neue Ideen für Filme, Fernsehspiele oder Serien.
Viele der jungen Bavaria-Produzenten kommen von der

Münchner Hochschule für Fernsehen und Film. Anders als ihre Regiekollegen von der Hochschule, wie Wim Wenders oder Peter F. Bringmann, um nur zwei zu nennen, haben sie diesen Weg gewählt. Das bedeutet allerdings nicht, daß sie ihre Herzen an den kommerziellen Aspekt des Filme-machens verkauft haben, im Gegenteil. Viele Bavaria-Pro-duzenten sind auch als Drehbuchautoren aktiv oder ent-werfen zusammen mit freien Autoren ihre Stoffe.

Der Produzent legt zusammen mit dem Regisseur die künstlerische Linie fest und ist der Leiter und Verantwortli-che eines Filmprojekts. Wenn er eine Serie oder einen Film für einen Auftraggeber realisieren soll, hat er normaler-weise einen festen, bereitgestellten Etat. Bei Kinofilmen oder großen internationalen Film- und Fernsehprojekten muß der Produzent auch für die notwendigen Finanzierun-gen und Koproduktionsverträge sorgen.

Neben seiner künstlerischen Aufgabe ist er dafür verant-wortlich, daß – profan gesagt – das Geld reicht. Hier nimmt er eine nicht immer angenehme Pufferfunktion ein. Ein Regisseur kann eine noch so grandiose Idee für die Be-setzung einer Rolle oder die Einrichtung eines Motivs haben, der Produzent muß sie ihm ausreden, wenn die Fi-nanzen dafür nicht reichen. Dafür gilt es eine finanzielle und künstlerische Alternative zu suchen. Er ist Buhmann und Möglichmacher in einem und oft noch der Diener mehrerer Herren. Keine einfache Aufgabe also. Bei der Produktionsdurchführung wird er von einem Produktions-leiter unterstützt.

Einen ausgeschilderten Berufsweg zum Produzenten gibt es nicht. Der klassische Weg läuft über die Filmhochschu-len. Bernd Eichinger, Absolvent der Münchner Filmhoch-schule und heute Chef der Neuen Constantin, ist seit der Produktion der *Unendlichen Geschichte* das deutsche Aus-hängeschild als Produzent.

Auf jeden Fall sind künstlerisches und organisatorisches Geschick und Erfahrung in der Filmproduktion notwendig. Viele freie Produzenten haben die harte Schule der Praxis durchgemacht, bis sie zu ihrem Berufsziel kamen. Das ist in der Regel zwar eine Ochsentour, aber meist kommt dabei – wie bei dem bekannten Münchner Produzenten Luggi Waldleitner, der in der Bavaria etliche seiner Filme realisiert hat – ein gestandener Produzent heraus, der vorsichtig mit dem Geld anderer Leute – und noch vorsichtiger mit dem eigenen – umgeht.

Regisseur

Der Weg zum Regisseur ist nicht weniger vielfältig als der zum Produzenten. Die meisten jungen Regisseure, die für die Bavaria arbeiten, kommen inzwischen von Filmhochschulen. Im Gegensatz zu den festangestellten Bavaria-Produzenten wird der Regisseur meist nur für ein Projekt oder eine Serie engagiert. Erfolg und Qualität der Arbeit sind für ein Engagement ausschlaggebend.
Die Aufgabe des Regisseurs ist es, die Idee, das Drehbuch, in Bilder umzusetzen, einem Film seine künstlerische Qualität und sein Profil zu geben. Er ist der durchführende künstlerische Leiter einer Produktion und damit Chef am Drehort. Daneben erfüllt er noch vielfältige künstlerische Aufgaben beim gesamten Herstellungsprozeß. Das beginnt mit der Führung der Schauspieler und der Entscheidung über den Bildausschnitt und endet bei der Überwachung des Schnitts und der Tonmischung.
Zusammen mit dem Produzenten wählt der Regisseur die Darsteller, den Kameramann, Architekten und Cutter aus.

Kamera

Ein Kameramann, egal in welcher Funktion er an der Kamera arbeitet – ob Chefkameramann, Assistent oder Schwenker –, muß zweierlei Blicke haben. Er muß bei der Aufnahme schon wissen, wie das Bild später auf der Leinwand oder dem Bildschirm wirkt. Durch den Fortschritt

Wolfgang Petersen (rechts unten) bei den Dreharbeiten zur ›Unendlichen Geschichte‹.

der Technik wird von ihm aber auch gefordert, daß er in der Lage ist, Bilder zu liefern, die später in einem Trickverfahren erst zusammenfinden – und die gewünschte Wirkung entfalten. Langjährige Erfahrung, technisches und künstlerisches Können sind ausschlaggebend, um – wie etwa Jost Vacano – bei einer Produktion wie *Das Boot* oder *Die unendliche Geschichte* die Bildgestaltung übertragen zu bekommen. Im Englischen heißt der Kameramann Director of Photography oder Cinematographer, was die Verantwortung des Chefkameramannes für die optische Dramaturgie hervorhebt. Bei großen Produktionen muß hinter der Kamera nicht unbedingt der Chef der Crew stehen. Zu seinen wichtigsten Aufgaben gehört es, das Licht einzurichten, um die gewünschten Effekte und Stimmungen zu erzielen.

›Das Boot‹ fordert von Kameramann Jost Vacano viel artistisches Ge-schick.

Für die eigentliche Aufnahme bedient oft der Kamera-Operator oder ein Assistent (ein eigenständiger Beruf, aber auch die Vorstufe zum Kameramann) die Kamera. Der Materialassistent lädt die Filmkassetten und sorgt für den Materialfluß.

Die Wege zum Kameramann (oder zur -frau) sind unterschiedlich. Zum Kameraassistenten kann man sich bei der Fachschule für Optik und Fototechnik in Berlin ausbilden lassen, wobei allerdings auch praxisbezogene Berufswege möglich sind, etwa über eine Fotografenlehre, Praktika bei Produktionsfirmen oder Kopierwerken. Für elektronische Kameras und Live-Übertragungen sind wieder andere Ausbildungswege notwendig.

Wer sich auf diesem Gebiet auf dem laufenden halten

möchte, informiert sich am besten durch die Zeitschrift »American Cinematographer«.

Ton

Bei den Dreharbeiten genügt es nicht, das Mikro hinzuhalten und die Bandmaschine zu starten. Jede Szene und jeder Bildausschnitt erfordern eine spezielle Tonaufnahme. Egal, wie widrig die Umstände beim Drehen oder die Akustik der Locations sind, es gilt eine optimale Tonqualität zu erhalten, die sich in der Postproduktion ver- und bearbeiten läßt. In der Regel arbeitet der Tonmann mit einem Assistenten, der mit einer »Angel« das Mikro über die Köpfe der Darsteller führt, ohne daß das Mikro später im Bild erscheint. Bei aufwendigen Produktionen wird oft mit Primärton gearbeitet, das heißt, daß später die Aufnahmen nachsynchronisiert werden und ein Geräuschemacher spezielle Geräusche herstellt, die – wie die Filmmusik – zugemischt werden. Wie der Kameramann ist auch ein Tonmann zugleich Techniker und Künstler. Als Techniker muß er das Gerät unter extremen Bedingungen einsatzfähig halten und dennoch kreativ einsetzen – etwa bei den Aufnahmen in den halligen und verrußten Flözen in *Rote Erde* oder bei Wassereinbrüchen im *Boot*.

Produktionsleiter

Der Teamchef bei einer Produktion ist der Produktionsleiter. Er ist mit allen Aufgaben betraut, die – wie das Wort schon sagt – zur Produktion eines Films notwendig sind. Er verpflichtet die einzelnen Teammitglieder, ordert Studios und gibt die Bauten in Auftrag, kümmert sich um die Kopierwerkstermine etc.

Der Produktionsleiter erarbeitet nach dem Drehbuch einen detaillierten Drehplan und erstellt eine Kalkulation, die sämtliche Kosten enthält – von den Gagen über die Reisen und Bauten bis hin zu den Kopierwerksarbeiten. Im

Drehplan sind nicht nur die Drehorte und -tage festgehalten, sondern auch die Einsätze der Teammitglieder und Darsteller, der Stuntleute, der Requisiteure, der Special Effects usw. Anhand des Drehplans und der Kalkulation überwacht der Produktionsleiter die Durchführung der Produktion und achtet darauf, daß die geplanten Zeiten und Kalkulationen eingehalten werden.

Aufnahmeleiter

Der Aufnahmeleiter ist dafür verantwortlich, daß Darsteller, Material, Requisiten und Team am Drehort pünktlich zur Verfügung stehen und die Aufnahmen ohne Störungen und Behinderungen durchgeführt werden können. Wie der Produktionsleiter (dessen engster Mitarbeiter er ist), muß auch der Aufnahmeleiter hervorragende organisatorische Qualitäten besitzen. Bei großen Produktionen teilen sich mehrere Aufnahmeleiter die vielfältigen Aufgaben. Während ein Kollege vom Schreibtisch aus die logistischen Vorbereitungen und Dispositionen trifft, sorgt sein Kollege für den reibungslosen Ablauf der Dreharbeiten am Set. In Abstimmung mit Produktionsleiter und Regisseur stellt der Aufnahmeleiter täglich einen Arbeits- und Ablaufplan für den nächsten Drehtag her, die sogenannte Disposition. Sie ist verbindlich für Stab und Darsteller.

Ausstattung

Zur Kunst der Ausstattung gehört das Erfinden und Gestalten von Räumen und Orten, die es real nicht gibt, oder der Nachbau von Locations, die sich als Drehorte nicht eignen.

Die Roaring Twenties sind längst vorbei, dennoch mußten sie für *Cabaret* im Studio neu geschaffen werden. Für *Das Schlangenei* entstand das Berlin der beginnenden dreißiger Jahre in Geiselgasteig. Die »Berliner Straße« machte es möglich. U-Boote, Zauber- und Spielzeugwelten, fremde

Für ›Eins, zwei, drei‹ wird das Brandenburger Tor errichtet.

Planeten und futuristische Raumschiffe, ganze Berghöfe und Flughäfen wurden ins Studio verlegt – kein Problem für das Ausstatterteam der Bavaria.

Unter dem Begriff Filmausstattung läßt sich eine ganze Reihe von Berufen zusammenfassen, die eines gemeinsam verlangen: handwerkliches Können, gestalterische Kreativität und natürlich filmisches Denken. Denn die Wirkung von Ausstattung und Bauten stellt sich erst auf der Leinwand ein. Phantasie und Akribie gehören ebenso dazu wie Werkstoffkunde und die Kenntnis der Verarbeitungstechnik. Betrachtet man die Exponate der Bavaria-Filmtour, wird deutlich, wie vielfältig die Anforderungen an Filmar-

Production-Designer Rolf Zehetbauer mit seinen Entwürfen für ›Enemy Mine‹. Im Studio müssen die Modelle das Fliegen lernen.

chitekten, Ausstatter und ihre zahlreichen handwerklichen Mitarbeiter sind. Eine Straßendekoration in verschiedenen Stilepochen zu bauen, erfordert völlig andere Erfahrungen und Kenntnisse, als ein U-Boot aus Stahl zu schmieden oder eine phantastische Innendekoration für *Enemy Mine* und *Die unendliche Geschichte* aus Styropor, Gips und Farben zu entwerfen. Eine Zechensiedlung wie die für *Rote Erde* kann auch nicht einfach aus Pappe errichtet werden. Preiswerte und zugleich haltbare Werkstoffe sind hier zu finden, die der Witterung trotzen. Oft erfordern einzelne Drehphasen auch noch Veränderungen und Alterungen an den Dekorationen.

Technik-Spezialist Johann Nothof (rechts) beim Raketenbau für Robert Aldrichs ›Das Ultimatum‹.

Diese wenigen Beispiele machen deutlich, wie schwer es ist, die Arbeit des Filmarchitekten und Ausstatters einzugrenzen: Der Beruf wird von den immer wieder neuen Aufgaben bestimmt.

Einen festen Berufsweg gibt es nicht. Etliche Mitglieder

des Bavaria-Teams sind von Haus aus Hochbau- oder Innenarchitekten, die bei ihrer Arbeit für Fernsehen und Film immer wieder neue künstlerische Herausforderungen suchen, die es außerhalb des Films kaum gibt. Zum Ausstatterteam gehören auch Kunstmaler, Grafiker, Bildhauer, Modellbauer und Tricktechniker.

Umgesetzt werden die Ideen in den Bavaria-Werkstätten in der sogenannten Vorbauhalle. Dort können sämtliche Dekorationen im Verhältnis 1:1 vorgefertigt und anschließend zeitsparend im Studio oder on location aufgebaut werden. In den Werkstätten finden sich so gut wie alle klassischen Handwerksberufe für die Holz- und Metallverarbeitung, vom Maler und Stukkateur bis zum Tapezierer und Polsterer. Jeder Handwerker ist Spezialist in seinem Fach. Täglich muß er neue kreative Lösungen finden.

Eng mit dem Ausstatter zusammen arbeitet der Requisiteur. Er muß die Einrichtungsgegenstände und Accessoires beschaffen. Grundvoraussetzung für den Beruf ist Stilkunde, Ideenreichtum und Organisationstalent. Wo gibt es für ein U-Boot noch die Originaltauchretter? Wo einen Kalender für das Jahr 1899 oder 2001? Einen Oldtimer aus dem Jahr 1925 oder Stühle für die Belle Epoque von *Felix Krull?* Wie bringt man einen Sammler dazu, sein Liebstes einer Filmproduktion zu überlassen? Wühlen auf Trödelmärkten genügt nicht. Was der Requisiteur nicht auftreiben kann, muß hergestellt werden, falls der Etat es erlaubt. Ein dickes Adreßbuch ist das beste Kapital eines Requisiteurs.

Kostüm

Ohne Kostüme wäre die Ausstattung eines Films nicht komplett. Natürlich gibt es einen reichhaltigen Fundus an Kostümen bei der Bavaria, doch für Filme wie *Das Boot, Enemy Mine* oder *Die unendliche Geschichte* wird die Kostümbildnerin vergeblich in den Kleiderkammern wühlen.

Beim *Boot* mußten nach historisch genauen Vorlagen die Uniformen entworfen werden, für Fantasy-Filme sind dagegen unkonventionelle Ideen gefragt. Als Vorlage dient – wie auch beim Architekten und Requisiteur – das Drehbuch. Zuerst werden Entwürfe gezeichnet und mit dem Regisseur diskutiert, dann die Kostüme für die Rollen und Darsteller gefertigt.

Der Kostümfundus (links) und der Lampenfundus (oben).

Kostümbildnerin Barbara Baum, Kameramann Xaver Schwarzenberger und Produktionsleiter Dieter Minx bei einer Besprechung während der Dreharbeiten von ›Berlin Alexanderplatz‹.

Stehen zu Beginn der Dreharbeiten Szenen auf dem Drehplan, die erst in der Mitte oder zum Schluß des Films spielen, kann es vorkommen, daß neue Kostüme abgetragen und abgewetzt ausschauen müssen. Dann müssen für jede Drehphase Garnituren hergestellt und ein Teil davon muß mühsam auf alt und fadenscheinig getrimmt werden.

Beim *Boot* mußten die Darsteller, gequält von Wassereinbrüchen, mehrmals täglich die Kostüme wechseln. Eine Kunst, sie ohne Anschlußfehler immer wieder neu einzukleiden.

Neben Stil- und Milieukunde ist auch organisatorisches Talent gefragt, freilich auch perfekte Kenntnisse im Schneiderhandwerk und Modedesign. Unterstützt wird die Kostümbildnerin bei ihrer Arbeit von Garderobiers, Schneidern und Hutmachern.

Cutter

Bei großen Produktionen ist der Cutter in der Regel schon am ersten Drehtag dabei, um den Schnitt vorzubereiten. Sein Handwerkszeug ist der sogenannte Schneidetisch. Eigentlich ein irreführender Name. Denn dieser Tisch, eine elektronisch gesteuerte Präzisionsmaschine mit mehreren Tellern (meist sechs, die Filmrollen und Magnettonfilme aufnehmen) und einer großen Anzahl verwirrend angebrachter Filmtransporträdchen, erlaubt es, die einzelnen Takes über einen Projektionsschirm zu sichten und aneinanderzukoppeln. Magnettonfilme können parallel zum Bild synchron angelegt und über Lautsprecher abgehört werden. Hat der Cutter eine Szene gesichtet und entschieden, wo er »rein-« oder »raus«geht, markiert er das Bild und führt den Schnitt mit einem Gerät durch, das eine Kombination von Klebepresse und Schere darstellt. Mit dieser Klebepresse kann er die Takes durch ein transparentes Klebeband verbinden. Filmmaterial, das zu montieren ist, hängt nach Szenen geordnet an einem sogenannten

Cutter Hannes Nikel schneidet ›Das Boot‹.

Galgen oder ist zu kleinen Spulen auf einem Kern (Bobby) aufgerollt.

Schon während der Dreharbeiten beginnt der Cutter mit dem Rohschnitt. Anhand des Drehbuchs und der Klappennummern montiert er die einzelnen Takes aneinander und legt den Ton an. In der Postproduktion stellt er zusammen mit dem Regisseur die endgültige Schnittfassung her. Bei Großproduktionen laufen über seinen Schneidetisch 50 bis 100 Kilometer Film, aus dem eine Fassung von 2500 bis 3000 Metern hergestellt werden muß (etwa 100 Minuten). Um diese Materialflut bearbeiten zu können, muß ein Cutter ein ausgezeichnetes optisches und akustisches Gedächtnis besitzen (und natürlich eine genaue Schnittliste führen). Handwerk und Kreativität sind in diesem Beruf gefragt, der in der Regel über den Weg einer Assistenten-

Die ›Boots‹-Leute in der Maske: Jürgen Prochnow, Klaus Wennemann, Claude-Oliver Rudolph und Ralph Richter.

stelle führt. Der Schnitt prägt sehr deutlich den Stil eines Films und gibt ihm den letzten Schliff. Mit seinem Gefühl für Rhythmus setzt der Cutter dramaturgische Akzente und sorgt so für Stimmungen und Atmosphäre eines Films.

Maske

Zu den Frühaufstehern im Team gehören die Maskenbildner. Gesichter müssen für Kamera und Licht hergerichtet, Effekte auf die Haut gezaubert, Perücken und Bärte geklebt und Haare geschnitten werden. Je nach Größe der Besetzung ist ein ganzer Stab von Maskenbildnern nötig. Allein die Maske von Louis Gossett jr. in *Enemy Mine* nahm täglich mehrere Stunden in Anspruch. Fürs *Boot* mußte das Aussehen der Jungs den erlebten Strapazen ent-

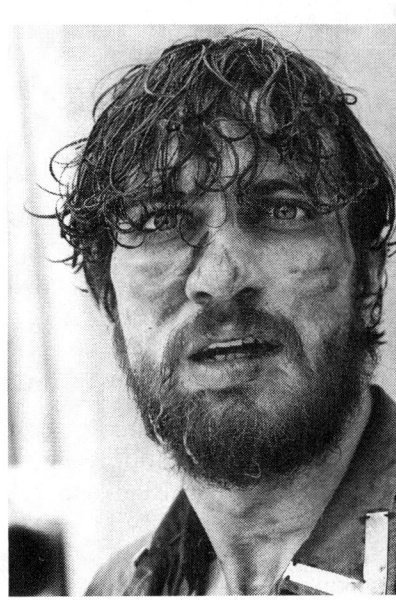

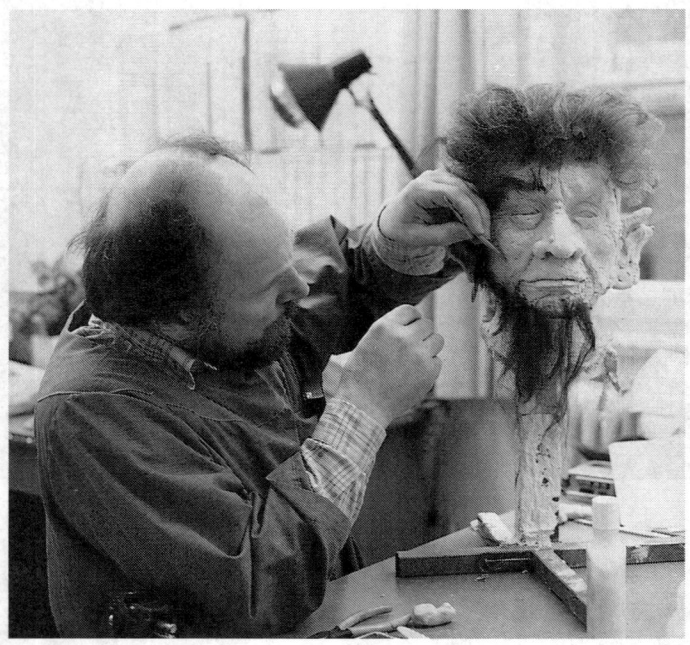

Tilo Prückners Maske für den Nachtalb in ›Die unendliche Geschichte‹ entsteht.

sprechen. Blässe war in der Röhre angesagt, Pickel wurden künstlich gezüchtet und einzelne Barthaare geklebt. Eine Sisyphusarbeit bei über 40 Mann Besatzung, und das noch unter Zeitdruck.

Regieassistenz und Continuity/Skript

Zwischen Team und Regisseur sorgt der Regieassistent für die Kommunikation. Seine Aufgaben können vom Kaffee-holen für den Regisseur bis zur künstlerischen Beratung reichen. Klar, daß die Assistenten beim *Boot* eine völlig andere Aufgabe zu bewältigen hatten als in einer kleinen Produktion.

Bei Großproduktionen gibt es oft eine ganze Hierarchie von Assistenten, die völlig unterschiedliche Aufgaben wahrnehmen. Bei vielen Produktionen übernimmt der Assistent auch die Aufgabe von Continuity/Skript, das heißt die genaue künstlerische Buchführung über die Aufnahmen. Da in der Regel nicht kontinuierlich gedreht wird, muß peinlich genau festgehalten werden, wie Darsteller geschminkt sind, ob sie den Scheitel links oder rechts tragen, wie die letzte Kameraposition war, welche Kostüme getragen wurden usw. Natürlich wird auch die Nummer der jeweiligen Klappe festgehalten, damit später die Einstellungen, die kopiert werden sollen, aufgefunden werden können.

Weitere Berufe

Alle Berufe und Mitarbeiter aufzuzählen, die bei einer Filmproduktion notwendig sind, würde den Rahmen dieses Buches sprengen. Einige weitere hier also nur angedeutet:

Eng mit dem Kameramann zusammen arbeiten die Beleuchter. Der Einsatz der zahlreichen Scheinwerfertypen und die Lichtgestaltung erfordern sehr viel technisches Können und das Wissen um das Verhältnis Licht und Filmmaterial. Die Lichtführung bestimmt die Atmosphäre des Films und ist ein unverzichtbares dramaturgisches Mittel. Viele Beleuchter kommen über eine Ausbildung als Elektriker zu ihrem Beruf. Chef der Crew ist der Oberbeleuchter.

Unverzichtbar während der Dreharbeiten sind natürlich auch die Bühnenarbeiter, die für den raschen Auf-, Um- und Abbau sorgen, der Standfotograf, die Stuntleute – und natürlich die Special-Effect- und Trick-Techniker.

Geht man etwa den Nachspann der *Unendlichen Geschichte* durch, kommt man leicht auf 50 Spezialisten, ohne die dieser Film nie entstanden wäre – und ohne die kein

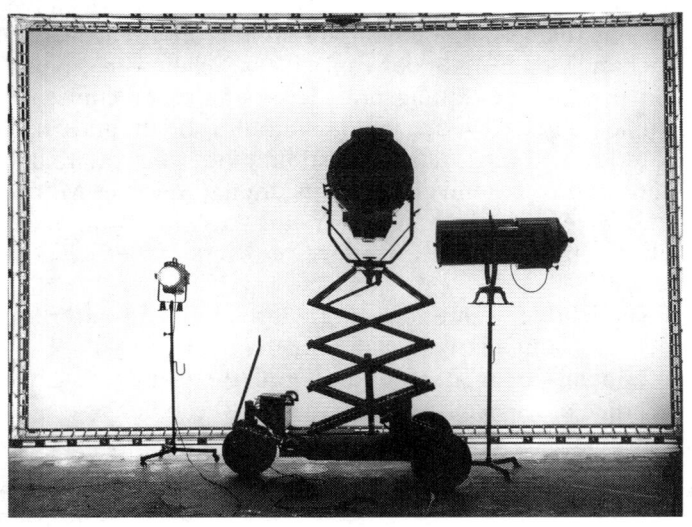

Scheinwerferstilleben und Scheinwerferhalle.

Studio funktionieren würde: vom Zeichner der Storyboards bei der Vorproduktion bis zum Filmmusikkomponisten bei der Postproduktion.

Kopierwerk und Tontechnik

Im Bereich der Labor- und Tontechnik gibt es eine Reihe von Lehr- und Anlernberufen. Der Beruf des Film- und Videolaboranten ist die Grundlage und Ausgangsposition einer ganzen Reihe von Aufgaben und Funktionen im Kopierwerk. Zu ihnen gehört der Licht- und Farbbestimmer, der zusammen mit dem Kameramann die Steuerung des Kopierprozesses bestimmt, damit die Kopie die gesamte Brillanz des Films auf Leinwand oder Bildschirm entfaltet. Zu den Kopierwerksmitarbeitern gehört auch der Negativcutter, der das wertvolle Negativ analog zur Arbeitskopie schneidet. Das Kopierwerk ist für viele Filmberufe ein wichtiger Ausgangspunkt: Cutter, Kameraassistenten, Pro-

Tonmeister Milan Bor bei der Arbeit am Mischpult.

Filmlager im Bavaria-Kopierwerk.

duktions- und Aufnahmeleiter leisten hier ihre Praktika, um sich für ihre Aufgaben technisch zu qualifizieren.
Der zweite wichtige technische Bereich in der Phase der Nachbearbeitung ist das Tonstudio. Tontechniker überspie-

len hier die Originalbänder auf Magnetfilm, damit sie am Schneidetisch und am Mischpult bearbeitet werden können. Fehlen Geräusche und Originaltöne, muß diese ein Geräuschemacher erzeugen. Ist der Film geschnitten und sind die einzelnen Tonbänder angelegt, beginnt die Tonmischung und – wenn notwendig – die Nachsynchronisation. Der Studiotonmeister koordiniert und »mischt« hierfür an seinem elektronisch gesteuerten Mischpult bis zu zwölf verschiedene Tonspuren, um ein klares Raumklangbild zu erzeugen.

Sprache, Musik und Geräusche müssen hierbei nicht nur verständlich sein; wie der Kameramann und der Cutter wird ein kreativer Tonmeister auf seinem Gebiet durch die Tonmischung für Effekte sorgen und dem Film eine wichtige zusätzliche Ebene geben.

Filme, Stars, Geschichten
Von Hitchcock bis Petersen

Kaum fällt das Wort Film, denkt jeder gleich an Stars, an Götter der Leinwand, an Mogule und Regiefürsten. Es sind die großen Namen, die der Filmindustrie ihren Glanz geben, die repräsentativ für die Traumfabrik stehen. Filme machen Namen, und Namen machen Filme. Einige sind unvergänglich, andere überleben kaum eine Saison.

Kino, das erfährt man beim Durchforsten von Archiven, ist wie kein anderes Medium der Mode unterworfen. Nur wenige Klassiker und Evergreens bleiben übrig. Das ist schon seit den jüngsten Tagen des Kintopps so und bei der Bavaria nicht anders. Fiel erst mal ein Darsteller in einem der frühen Lichtspiele auf, wollte ihn das Publikum möglichst rasch in einem neuen Film sehen – freilich in einer ähnlichen Rolle. Innerhalb der Branche dachte man nicht viel anders. Wer beim Publikum ankam, bekam gute Rollen und hohe Gagen – so lange, bis die Zuschauer genug von ihm hatten.

Natürlich mußte auch ein hervorragender Regisseur und Autor her, um den teuren Star optimal in Szene zu setzen. Für diese Macher interessierte sich das Publikum in Kintoppzeiten kaum, heute dafür um so mehr. Wolfgang Petersen, bis dahin nur Insidern bekannt, kam mit *Das Boot* auf Anhieb zu internationalen Ehren und sorgte auch noch dafür, daß »seine Jungs« bekannt wurden: Jürgen Prochnows internationale Karriere wurde mit dem *Boot* begründet, Herbert Grönemeyer startete als Darsteller und Sänger durch, Klaus Wennemann wurde als *Fahnder* entdeckt. Uwe Ochsenknecht war der Star in »Männer«, Klaus Hönig in »Die Katze«, Ralph Richter und Claude Oliver Rudolph in »Rote Erde«.

Inzwischen sind, um das bekannte Beispiel mit Wolfgang Petersen aufzugreifen, viele Regisseure ebenso populär wie die Stars. Kubrick, Hitchcock und Fassbinder sind nur ein paar Beispiele aus der Bavaria-Geschichte. Sie werden fragen, was die drei miteinander zu tun haben. Nun, als ihre Namen noch keine Markenartikel im Filmgewerbe waren, arbeiteten sie längst in den Studiohallen der Bavaria.

Alfred Hitchcock

Anfang der zwanziger Jahre jobbt ein junger Engländer mit dem unbekannten Namen Alfred Hitchcock bei der Berliner UFA als Filmarchitekt und Mädchen für alles. Er wartet auf die große Chance, endlich Regie führen zu dür-

Alfred Hitchcock mit seinem Team bei der Weihnachtsfeier in Geiselgasteig 1926, während der Dreharbeiten zu dem Film ›The Mountain Eagle‹.

fen. Schließlich will der junge Hitch eine Familie gründen, und da man damals so etwas nicht ohne Sicherheiten im Rücken tat, möchte er sich erst als Regisseur etablieren.

Die Münchner EMELKA soll ein wichtiger Meilenstein in Hitchcocks Leben werden. Dank ihrer Kontakte zu dem Londoner Produzenten Michael Balcon kommt 1925 das Projekt *The Pleasure Garden* zustande. Auf deutsch *Garten der Lust.* Der Zensor läßt das verheißungsvolle Versprechen, das dem eher harmlosen Film als Etikett verpaßt wird, nicht ungeschoren passieren. Man einigte sich auf den wenig lustvollen Titel *Irrgarten der Leidenschaft.*

Regisseur des »anstößigen« Erstlings: Alfred Hitchcock. Er hat zuvor schon als Autor, Assistent und Architekt für Balcon gearbeitet, der allerdings bald sein Engagement für den Newcomer bereut. Denn Hitch wagt recht ungewöhnliche Einstellungen, die den Produzenten unverkäuflich erscheinen. Auch in seinem zweiten Film, *The Mountain Eagle* (Der Bergadler), der 1926 in Geiselgasteig entsteht, ist er der Bildsprache der damaligen Zeit voraus. So werden die beiden Filme erst mal zurückgehalten, um das Publikum nicht zu »überfordern«. Es scheint, als sei damit Hitchs Karriere erst mal beendet. Natürlich auch kein Gedanke, die damalige Cutterin und Regieassistentin Alma Reville zu ehelichen. Aber es kam ganz anders. Hitchcock fand allerdings nie mehr nach Geiselgasteig zurück. Die beiden Stummfilmmelodramen sind übrigens seine einzigen Filme, in denen das Markenzeichen des Master of Suspense fehlt: sein persönlicher Auftritt.

Produzent von *The Mountain Eagle* war neben Balcon auch Erich Pommer, der 1919 schon solche filmkünstlerischen Meilensteine wie *Das Cabinett des Dr. Caligari* produziert hatte. In den zwanziger Jahren sammelt er bereits Hollywood-Erfahrung, die ihm später in der Zeit seiner Emigration aus Nazideutschland zugute kommt. Nach dem Zweiten Weltkrieg kehrt Pommer als amerikanischer Filmoffizier nach Deutschland zurück und sorgt maßgeblich dafür, daß der Studiobetrieb der Bavaria schon 1946 reorganisiert werden kann.

Karl Valentin

Bekannter als Hitchcock ist im süddeutschen Kino der zwanziger Jahre Karl Valentin. Der Volksschauspieler und Linksdenker bringt es allerdings kaum auf längere Kinoauftritte. Seiner Popularität tut das aber keinen Abbruch. Viele seiner kurzen und markanten Sketche entstehen in den damaligen ARRI-Ateliers in Schwabing. Dennoch sind er und seine Partnerin Liesl Karlstadt schon früh Gast in Geiselgasteig. Zwischen 1920 und 1922 dreht Robert Reinert den verschollenen Stummfilm *Die Schönheitskon-*

Liesl Karlstadt und Karl Valentin in Max Ophüls ›Die verkaufte Braut‹.

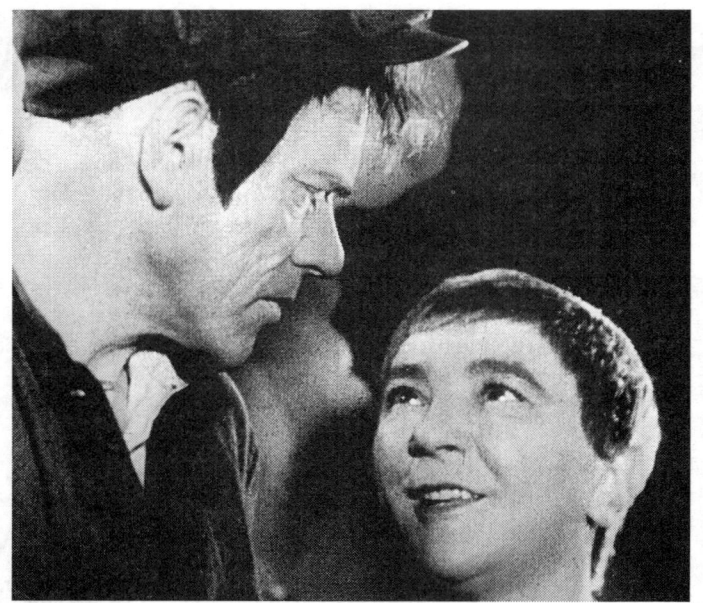

Karl Valentin und Liesl Karlstadt in › Der verhexte Scheinwerfer‹.

kurrenz, 1921 spielt Valentin in *Der dritte Schlüssel* einen Amtsdiener. Zwischen 1929 und 1936 entstehen in Geiselgasteig sechs Valentin-Filme. Er hätte wohl gerne öfter in den Bavaria-Studios vor der Kamera gestanden. Zumindest bringt er das in den dreißiger Jahren mit einem schmähenden Reim auf die Herren von Geiselgasteig deutlich zum Ausdruck.

Valentins wichtigster Spielfilm ist *Die verkaufte Braut,* 1932 von Max Ophüls in Geiselgasteig inszeniert.

Der Publikumserfolg des großen bayerischen Komikers bleibt der Berliner UFA nicht verborgen. Doch Valentin, von großer Reiseangst befallen, will in keinem Fall die »gefährliche« Zugfahrt nach Berlin antreten, es sei denn, er dürfe auf der Lokomotive fahren. Dort, erklärt er, hätte er

die Gewißheit, daß der Lokführer auch tatsächlich auf-
paßt. Tatsächlich schaffte es die UFA, die Reichsbahn für
Valentins Lok-Trip zu gewinnen. Doch nun hatte es sich
Valentin schon wieder anders überlegt. »Ich mag lieber in
München sterben«, telegrafiert er nach Berlin. Immerhin
bleibt er durch seine Angst vor der Eisenbahn dem Münchner Film erhalten.

Es fing so harmlos an

In den dreißiger und vierziger Jahren führen Hans Albers,
Brigitte Horney, Kristina Söderbaum, Käthe Gold, Hans
Moser, Käthe Dorsch, Hilde Krahl, Henny Porten, Johan-

*Luis Trenker war Autor, Regisseur und Hauptdarsteller des Spielfilms
›Der Feuerteufel‹ (1941).*

IM WEISSEN RÖSSL

REGIE: CARL LAMAC

CHRISTL MARDAYN / HERMANN THIMIG /
WILLI SCHAEFFERS / ANNI MARKART /
THEO LINGEN / FRITZ ODEMAR /
MARIANNE STANIOR / HANS OBONYA

EIN HADE · ONDRA · LAMAC · FILM DER BAVARIA · FILM · A · G · MÜNCHEN

DER Kampf MIT DEM Drachen

REGIE: FRANZ SEITZ

BUCH: J. DALMAN UND J. STÖCKEL

Bavaria-Filmprogramme aus dem Jahr 1935.

Johannes Heesters als Charmeur in ›Es lebe die Liebe‹ (1944) und als Showstar in den Fernsehzeiten der sechziger Jahre.

Es lebe die Liebe

nes Heesters, Luis Trenker, Fritz Rasp, Werner Krauss und Heinz Rühmann die Besetzungslisten der Bavaria an. Auch Max Schmeling gibt in Geiselgasteig ein Gastspiel. Seine Ehe mit dem Star Anny Ondra verhilft dem Box-Weltmeister zu einer Filmrolle. Zusammen mit dem bekannten Regisseur Carl Lamac hat sie eine eigene Produktion, mit der sie in Geiselgasteig (neben anderen Projekten) 1934 den Film *Knock out* herstellt. Klar, daß für die Hauptrolle nur das bekannte Sportidol in Frage kommt. Zumindest auf der Leinwand geht der Krieg an der Bavaria spurlos vorüber. Luis Trenker zieht 1940 in seinem *Feuerteufel* nicht etwa in die Schlacht, sondern in seine geliebten Berge. Johannes Heesters sehnt sich dagegen mehr

Werner Krauss (Mitte) in ›Paracelsus‹.

nach der leichten Muse. *Jenny und der Herr im Frack* heißt
der Heesters-Film des Jahres 1942 – und als Herr im Frack
sollte Heesters der Bavaria auch in den fünfziger und sechziger Jahren erhalten bleiben. Die leichte Muse rettet ihn
über die Kriegszeit bis in die Fernsehzeit des Wirtschaftswunders. Mitten im Krieg setzt das (staatlich kontrollierte)
Studio auf ein Boot. Das hieß *WB 1* und ist dem Erfinder
des U-Bootes gewidmet. Der Film kommt ins Kino, als die
zu Helden verbrämten U-Boot-Männer zu Tausenden im
Atlantik sterben. Große historische Gestalten sind in sol-
chen Zeiten unverfänglicher. Der große Regisseur G. W.
Pabst dreht 1944 in Prager Studios für die Bavaria *Paracel-*

sus, Werner Krauss und Fritz Rasp spielen die Hauptrollen. In Prag, so spöttelt man dort, gehe es nicht »so laut« zu wie in München. Gemeint sind die näherrückende Front und die Bombenangriffe der Alliierten. Bevor in der Bava-

Hans Moser in ›Einmal der liebe Herrgott sein‹.

Gustav Knuth (Mitte) und Brigitte Horney in ›Das Mädchen von Fanö‹.

ria die Lichter ausgehen, darf sich Johannes Heesters noch mal in Schale werfen. Der Titel des Films, *Es fing so harmlos an,* ist freilich nicht ironisch gemeint. 1945, im letzten Kriegsjahr, kann Erich Engel seinen Film *Wo ist Herr Belling?* nicht mehr zu Ende drehen. Dem Publikum entgeht dadurch Emil Jannings in seiner letzten Rolle.

Hans Albers

1934 beginnt mit *Peer Gynt* die Bavaria-Karriere des »blonden Hans«. Nachdem Hans Albers 1930 in der Rolle des Artisten Mazeppa in dem UFA-Film *Der Blaue Engel* aufgefallen ist (dort schnappt er Jannings die Dietrich weg), steigt er bald zum Publikumsliebling und Kassenmagneten auf. In Ibsens *Peer Gynt* spielt Hans Albers den verwegenen Abenteurer – und das Publikum liebt ihn in dieser klassischen Rolle. Obwohl die Dreharbeiten über dreieinhalb

Monate dauern und Albers damals schon Gagen um die 150.000 Mark bekommt, ist *Peer Gynt* für die Bavaria eine Goldader. In Nebenrollen sind übrigens O. E. Hasse und Olga Tschechowa zu sehen. Danach, in dem Bavaria-Film *Varieté,* wagt Albers einen Ausbruch aus seinem Rollen-image: Er schlüpft in die Maske eines Clowns. In den über

Mit dem Song ›Good bye, Jonny‹ aus ›Wasser für Canitoga‹ beschert Hans Albers der Bavaria 1939 den ganz großen Erfolg.

20 Jahren seiner Bavaria-Zeit wechselt er vom »Hoppla-da-bin-ich«-Draufgänger und Herzensbrecher kurz ins Fach des Familienvaters im sogenannten »Trümmerfilm«, um allerdings bald wieder als der blonde Hans zu brillieren *(Jonny rettet Nabrador,* 1953).

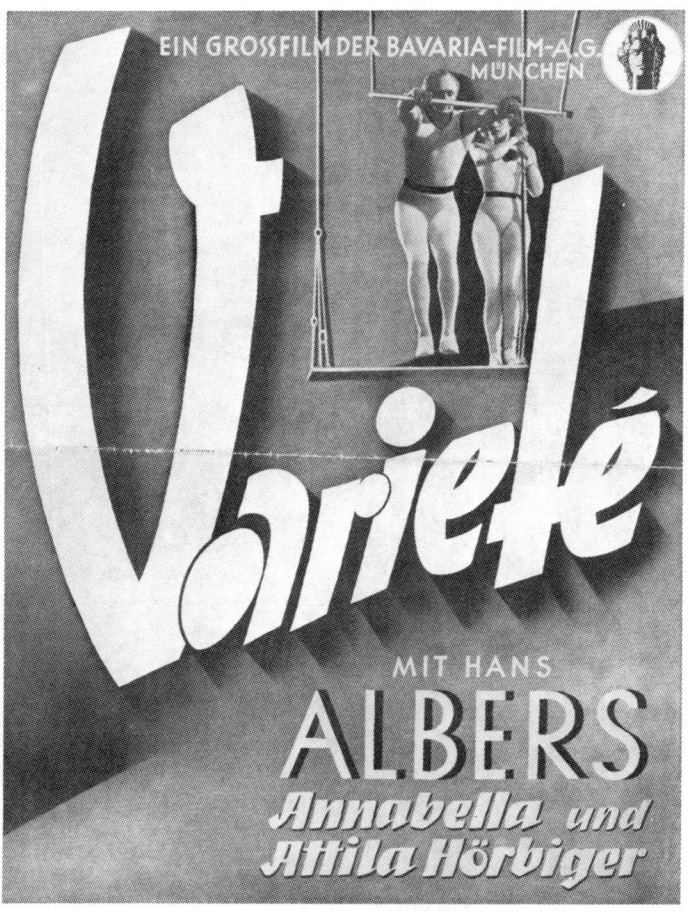

Programm des Albers-Films ›Varieté‹ aus dem Jahr 1935.

Aus dem deutschnationalen Helden in *Carl Peters* (1940) und dem Abenteurer in *Wasser für Canitoga* (1939) wird nach dem Krieg der Kapitän der Landstraße in *Nachts auf den Straßen* (1951, Regie: Rudolf Jugert). Die Autobahnsirene, die den braven Trucker vom Kurs abbringt, ist keine andere als Hildegard Knef.

In dem Wirtschaftswunder-Remake von *Der letzte Mann* (1955, Regie: Harald Braun) wird der Oberkellner Albers gar zeitweise zum Toilettenmann degradiert (in Murnaus Stummfilm hatte Emil Jannings mit der Darstellung des Niedergangs eines Hotelportiers einst Filmgeschichte gemacht). Klar, daß bei Albers die Story eine positive Wendung nimmt und sein Image als strahlender Sieger keine Kratzer bekommt. In Nebenrollen machen sich Romy Schneider und Joachim Fuchsberger bemerkbar.

Schon über 60, probt Albers neben Charakterrollen immer noch den draufgängerischen Abenteurer und singenden Seemann.

So brillant und überzeugend Albers auf der Leinwand den Sunnyboy mimt, so vergeßlich ist er oft, wenn es um den Text geht. Dafür müssen dann die Beleuchter »Neger« bereithalten, schwarze Lichtblenden, auf denen mit Kreide Stichwörter notiert werden.

Heinz Rühmann

Heinz Rühmann darf für sich in Anspruch nehmen, einer der ganz großen Publikumsmagneten zu sein, die seit den dreißiger Jahren in der Bavaria vor der Kamera stehen. Wohl kein anderer deutscher Schauspieler hat es in den letzten 50 Jahren geschafft, sich in die Herzen gleich mehrerer Generationen zu spielen. Vielleicht liegt das auch daran, daß Rühmann ein Schauspieler ohne jegliche Skandale ist, privat und beruflich. Ausgerechnet die Bavaria schickt ihn mit seiner Frau Hertha Feiler 1941 vor den Scheidungsrichter. Der Skandal bleibt allerdings aus, der

Heinz Rühmann in ›Hauptsache glücklich‹ (1941) und als Pater Brown in seinen großen Kino-Erfolgen der sechziger Jahre.

Ehezwist findet nur im Kino statt. Der Film heißt *Hauptsache glücklich,* Regisseur des Ehelustspiels ist Theo Lingen.

Das Motto des Films läßt sich auch nach dem Krieg fürs
traute Glück der Rühmanns anwenden: Als die Wohnungs-
not nach Kriegsende am größten ist, bringt die Bavaria die
Rühmanns und ihre Kollegin Lil Dagover in Isartaler Holz-

*Heinz Rühmann bei den Dreharbeiten zu ›Oh Jonathan – oh Jonathan‹
(1973) mit (von links) Herstellungsleiter Lutz Hengst, Franziska Oehme,
Generaldirektor Helmut Jedele und Regisseur Franz Peter Wirth (sitzend).*

häusern auf dem Studiogelände unter. Häufiger Studiogast
ist Heinz Rühmann allerdings erst wieder seit den sechziger Jahren.
1961 spielt er in Robert Siodmaks *Mein Schulfreund* (nach
einem Drehbuch von Simmel) die Hauptrolle. Als irrer Ge-

fängniskumpan von Rühmann gibt der junge Mario Adorf eine frühe Probe seiner darstellerischen Vielfalt.

Im gleichen Jahr startet die Bavaria ihre *Pater Brown*-Serie. Heinz Rühmann spielt das *Schwarze Schaf,* den Detektiv mit Regenschirm und Soutane. Diese Rolle wird eine seiner populärsten und erfolgreichsten in den sechziger Jahren. Kein Wunder, daß es schon ein Jahr später heißt: *Er kann's nicht lassen.* Zuvor ist er noch rasch in die Rolle des *Max der Taschendieb* geschlüpft, der ebenfalls Jagd auf schwere Jungs macht, um anschließend ehrlich zu werden. Ebenfalls eine Paraderolle für Rühmann, an dem in den sechziger Jahren die harten Kinozeiten scheinbar sang- und klanglos vorübergehen. 1968 entstehen gleich zwei Filme mit ihm in Geiselgasteig, Rolf Thieles *Die Ente klingelt um ½ 8* und Kurt Hoffmanns *Der Kapitän.*

Bis Ende der siebziger Jahre steht Rühmann auch für zahlreiche Fernsehspiele in der Bavaria vor der Kamera.

Die »wilden« Fünfziger

So wild, wie Peter Zadek in dem Bavaria-Film *Die wilden Fünfziger* (1983, frei nach Simmel gedreht) sie darstellt, geht es in der Pubertät des Wirtschaftswunders in der Bavaria nicht zu: Die Stars geben sich brav und bürgerlich. Skandale finden weitgehend in der Regenbogenpresse statt, die aus Mangel an echtem Zündstoff schon mal eine Liebelei bei Dreharbeiten zum Skandal stilisiert.

Eine neue Zeit braucht neue Talente und neue Gesichter – und die bekommen zu Dutzenden bei der Bavaria ihre Chance: Romy Schneider, Maria Schell, Lilo Pulver, Sonja Ziemann, Ivan Desny, Johanna Matz, Gert Fröbe, Hanns Lothar, O. W. Fischer, Horst Buchholz, Ruth Leuwerik, Nadja Tiller, Barbara Rütting, Joachim Fuchsberger, Claus Biederstaedt, Erik Schumann, Marianne Koch, Hardy Krüger und längst schon wieder Vergessene mischen sich unter Altstars wie Zarah Leander, Heinz Rühmann, Mar-

O. W. Fischer als ›Herrscher ohne Krone‹ (mit Odile Vesois).

got Hielscher, Rudolf Forster, Hans Moser, Willy Birgel,
Lil Dagover, Dieter Borsche, Karl Schönböck, Therese
Giehse, Hans Söhnker, Lili Palmer, Brigitte Horney, Gu-
stav Knuth, Rudolf Vogel, Werner Hinz, Hilde Krahl,
Erich Ponto und Kristina Söderbaum.
Aber trotz des großen Aufgebots an Publikumslieblingen
bringen es nicht alle Filme zu solch einer Idealbesetzung
wie Harald Brauns *Solange Du da bist* (1953). Für große
melodramatische Kinomomente sorgen dort Maria Schell,
O. W. Fischer, Hardy Krüger und Brigitte Horney.
Zwei Jahre später lebt und stirbt die Legende *Ludwig II.* in
Geiselgasteig. O. W. Fischer ist unter der Regie von Helmut Käutner Bayerns Märchenkönig (einigen Zuschauern

dürfte auch ein junger, verwirrter Prinz Otto im Hintergrund nicht entgangen sein: Klaus Kinski kündigt sich als Enfant terrible an). Ruth Leuwerik ist die Kaiserin Elisabeth und Marianne Koch die Prinzessin Sophie. Schon ein Jahr später steigt O. W. Fischer aus den Fluten des Starnberger Sees (in denen er als König Ludwig II. die letzte Ruhe suchte) wieder auf und wird zum *Herrscher ohne Krone*. 1957 spielt O. W. Fischer die vielleicht schönste Rolle seiner Bavaria-Zeit in *Helden,* nach G. B. Shaw. Regisseur ist Franz Peter Wirth, der sich in den nächsten 30 Jahren zu einem der wichtigsten deutschen Fernsehspielregisseure entwickelt.

In *Helden* ist Liselotte Pulver die Partnerin von Fischer. Bereits 1955 spielte sie sich in Kurt Hoffmanns *Ich denke oft an Piroschka* an der Seite Gunnar Möllers in die Her-

Regisseur Kurt Hoffmann bei den Dreharbeiten zum ›Wirtshaus im Spessart‹.

Liselotte Pulver (Mitte) gibt sich als gefährlicher Räuber aus. Wolfgang Neuss (rechts) alias Räuber Knoll bleibt skeptisch.

zen des Publikums. Lilo Pulver wird dem erfolgreichen Komödienregisseur und der Bavaria weiterhin treu bleiben. 1957 landen beide mit *Wirtshaus im Spessart* einen der größten Hits ihrer Zeit.

Für Teenagerträume auf der Leinwand sind im gleichen Jahr Romy Schneider und Horst Buchholz zuständig. Sie erfüllen sie mit *Robinson soll nicht sterben* und der heiteren Love-Story *Monpti* gleich zweimal. Dabei nehmen die Romy-Fans allerdings sehr übel, daß Regisseur Helmut Käutner Romy beide Male sterben läßt. Die Sitten- und

Moralwächter brachte Käutner übrigens schon 1947 mit einem Film aus der Bavaria auf die Palme, seinem frivolen Adam-und-Eva-Spiel *Der Apfel ist ab*.

Hildegard Knef

Von einem ganz anderen Kaliber als die meisten Publikumslieblinge dieser Zeit ist Hildegard Knef. Die Knef verwirrt als Trümmer-Vamp nicht nur den braven, ergrauten Fernfahrer Heinrich Schlüter alias Hans Albers in *Nachts auf den Straßen*. Bereits im ersten Nachkriegsfilm von Geiselgasteig, Harald Brauns *Zwischen gestern und*

Rosel Zech spielt in Fassbinders ›Die Sehnsucht der Veronika Voss‹ den Fünfziger-Jahre-Star Sybille Schmitz.

Hildegard Knef bei einem Auftritt in ›Hotel Victoria‹.

morgen (1947), wird sie zur neuen Hoffnung des deutschen Nachkriegskinos. Produzent Erich Pommer erkennt in ihr den späteren Star. Ihre Partner sind Willy Birgel, Winnie Markus, Viktor de Kowa und der inzwischen vergessene

Nachkriegsstar Sybille Schmitz, dem Rainer Werner Fassbinder später mit *Die Sehnsucht der Veronika Voss* ein filmisches Denkmal setzt. Gedreht ebenfalls in der Bavaria. 40 Jahre später, 1988, wird bei der Bavaria der Gedanke geboren, das bewegte Leben von Hildegard Knef nach ihrem autobiographischen Roman *Der geschenkte Gaul* zu verfilmen. Dabei dürften viele Ausschnitte aus Bavaria-Filmen der Knef zustatten kommen. Wie wäre es mit *Illusionen in Moll?* Zusammen mit Hardy Krüger gibt sie darin 1952 das Filmliebespaar der Nation ab.

Max Ophüls

Eine der großen Außenseiterproduktionen der fünfziger Jahre ist Max Ophüls' *Lola Montez,* die Geschichte der Mätresse des Bayernkönigs Ludwig I. Max Ophüls, der vor seiner Emigration 1932 in der Bavaria mit Karl Valentin *Die verkaufte Braut* drehte, macht mit *Lola Montez* 1955 seinen ersten und letzten Film im Nachkriegsdeutschland. Ophüls hält sich in diesem Werk nicht mit der tatsächlichen Biographie dieser Kurtisane auf, sondern errichtet ihr ein großes, phantastisches Kinoreich. Ihre berühmten Liebhaber spielen eher Nebenrollen.
Noch heute gilt *Lola Montez* als kinematographisches Meisterwerk, das in seiner Machart weit über die sonstigen biederen Produktionen der fünfziger Jahre hinausragt. Kenner zählen *Lola Montez* zu den zehn besten Filmen der Welt. Die Hauptrollen spielen Martine Carol und Peter Ustinov.

Das Fernsehen macht Leute

Allzuoft lassen die großen Bavaria-Kinoprojekte der achtziger Jahre vergessen, daß die eigentliche Basis des Studios die Produktion für das Fernsehen ist. Diese Arbeit ist zwar für die Öffentlichkeit weniger spektakulär als die Herstellung von Kinofilmen, bringt aber zahlreiche Fernsehspiele und -serien hervor, die auch international Anerkennung finden.

Wer die Arbeit der Bavaria in den letzten drei Jahrzehnten beobachtet hat, weiß, daß Geiselgasteig unsere Fernsehgeschichte bis heute nachhaltig mitgestaltet und beeinflußt hat. Seit dem Start des Fernsehzeitalters in der Bavaria im Jahr 1959 prägt das Studio Gesichter und Namen für den Bildschirm.

Der junge Maximilian Schell hält 1960 in der *Hamlet*-TV-Adaptation von Franz Peter Wirth mit dem Tod Zwiesprache: Sein oder Nichtsein – über Arbeit und Popularität vieler Schauspieler, Autoren und Regisseure –, darüber entscheidet in der Zeit des Kinosterbens das Fernsehen. Und das ist bis heute so geblieben. Dieses Medium gibt zahlrei-

Maximilian Schell (rechts) in ›Hamlet‹ (1960).

Wolfgang Reichmann und Hanns Lothar in Rainer Erlers ›Seelenwanderung‹ (1962).

chen jungen oder unbekannten Darstellern eine Chance. Viele von ihnen sind populäre Fernsehstars geworden – oder haben gar über diesen Umweg auf die Leinwand gefunden. Darunter Wolfgang Reichmann, Herbert Bötticher, Fritz Wepper, Karl Lieffen, Maria Schell, Wolfgang Kieling, Hans Caninenberg, Helmut Griem, Margot Trooger, Klaus Schwarzkopf, Peter Lühr, Hannes Messemer, Martin Benrath, Christian Doermer, Helmut Fischer, Boy Gobert, Hans Clarin, Ivan Desny, Nikolaus Paryla, Ingrid Caven, Ruth Maria Kubitschek, Barbara Valentin, Brigitte Mira, Herbert Fleischmann, Peter Pasetti, Helmut Qualtinger, Günter Ungeheuer, Kurt Weinzierl, Nicole Heesters, Ernst Fritz Fürbringer, Martin Lüttge, Günter

›Hotel der toten Gäste‹ (1965) mit (von links) Joachim Fuchsberger, Wolfgang Kieling, Karin Dor, Monika Peitsch und Claus Biederstaedt.

Mack, Hans Brenner, Dieter Laser, Hannelore Hoger, Hartmut Reck, Gerd Baltus, Katja Rupé, Ernst Jacobi, Robert Graf, Willy Semmelrogge, Karl Michael Vogeler, Lukas Ammann, Siegfried Wischnewski, Dietmar Schönherr, Grit Böttcher, Hanns Lothar, Werner Kreindl, Klaus Löwitsch, Louise Martini, Karl-Heinz Schroth, Heinz Baumann, Elmar Wepper, Gerd Böckmann, Max Grieser und Michaela May. Allein die Rollen und Fernsehspiele dieser Darsteller zu nennen, würde den Rahmen sprengen. Deshalb nur eine Ausnahme: Lange bevor »Mephisto« Klaus Maria Brandauer zum Weltstar aufstieg, spielte er bei der Bavaria die Hauptrolle in der Schiller-Adaptation *Verschwörung des Fiesco zu Genua* (1974, Regie: Franz Peter Wirth).

Sammy Davis jr. bei einer Probe für eine Bavaria TV-Show der sechziger Jahre.

Ohne die Unterhaltungsproduktionen der Bavaria fürs Fernsehen wären auch viele Showstars wohl kaum einem Millionenpublikum bekannt geworden: Caterina Valente sagt »Bon soir« zu Hans-Joachim Kulenkampff, Hazy Osterwald bläst sein berühmtes Trompetensolo, Esther

Klaus Maria Brandauer und Christine Buchegger in der Fernsehbearbeitung von ›Die Verschwörung des Fiesco zu Genua‹ (1974).

Hazy Osterwald in der Show ›Mein Freund Hazy‹.

und Abi Ofarim und Rex und Gitte singen (und sind) die Schlager der Saison. In den sechziger Jahren lieben die Fernsehzuschauer leichte Muse mit US-Touch. Senta Berger bekommt ebenso wie Marika Rökk ihre eigene Show, Sammy Davis jr. tanzt durch die Dekorationen, und Janis Joplin sorgt für progressive Rock-Power. Peter Alexander, Anneliese Rothenberger und Hermann Prey begannen in

›Ein Stück Himmel‹ von Franz Peter Wirth. Eine Szene im Getto mit Peter Bongartz und Dana Vavrova.

der Bavaria ihre Karriere als Showstars. Vico Torriani öffnete jahrelang hier sein »Hotel Victoria«. Michael Pfleghar inszenierte in der Bavaria seine Shows, die, wie beispielsweise »Zu jung, um blond zu sein«, Fernsehgeschichte machten. Seine Stars, die Stars der Bavaria, waren die Kessler-Zwillinge.

Zu den erfolgreichen TV-Unterhaltern der Bavaria zählen natürlich auch Dieter Hallervorden mit der Serie *Nonstop Nonsens,* die keinen weiteren Kommentar erfordert, und Jürgen von Manger in *Tegtmeiers Reisen* (Regisseur von zwölf Folgen Heinz Liesendahl). In den Fernsehkomödien der Bavaria durfte man sich auch über Willy Reichert, Kurt

Ehrhardt, Georg Thomalla und Romuald Pekny amüsieren.

Bodenständiges liefert 1961 die Besatzung der *Funkstreife Isar 12* mit Karl Tischlinger und Wilmut Borell, die bis heute immer wieder (obwohl schwarzweiß gedreht) wiederholt wird. 1964 bekommen die gestandenen Wachtmeister von der *Isar 12* durch Beppo Brem und Maxl Graf kriminalpolizeiliche Unterstützung. 112mal flimmern *Die seltsamen Methoden des Franz Josef Wanninger* über den Bildschirm und machen Beppo Brem zum meistgeliebten Seriengrantler der Nation. Später, als immer noch kein Ende der Serie abzusehen ist, tauft man die seltsamen Methoden kurzerhand in die »unsterblichen« um.

Erinnern Sie sich noch an *Der kleine Doktor,* dessen Rolle Peer Schmidt gespielt hat, oder an *Vater und Sohn,* nach O. E. Plauen, mit Wolfgang Reichmann und Benno Hoffmann in den Hauptrollen? Auch die Betriebsnudeleien aus *Büro, Büro* kommen aus der Bavaria. In Geiselgasteig heißt es *Achtung Zoll!,* hier schlägt der *Kommissar Zufall* zu, und hier werden die Panzertüren der *Stahlkammer Zürich* geöffnet.

Übergehen darf man auf keinen Fall die Besatzung des Raumschiffs Orion. Denn mit *Die phantastischen Abenteuer des Raumschiffes Orion* erlebte schon 1965 das deutsche Fernsehen die Premiere einer Science-fiction-Serie, die bei jeder Wiederholung neue Fans gewinnt. Die Anfrage von Modellbauern nach Plänen für den Raumkreuzer reißt bis heute nicht ab. Auf Raumpatrouille gingen Dietmar Schönherr, Eva Pflug und Wolfgang Völz. Als Faktotum und Chauffeur gab Wolfgang Völz auch der *Graf Yoster*-Serie ihr unverwechselbares Gepräge. Den Grafen spielte Lukas Ammann. In *Okay S.I.R.* gaben sich drei Damen in den Hauptrollen die Ehre: Anneliese Uhlig, Monika Peitsch und Anita Kupsch.

Reine Männersache ist die Trucker-Serie *Auf Achse,* durch sie werden Manfred Krug und Rüdiger Kirschstein für die Zuschauer zu Fernsehstars.

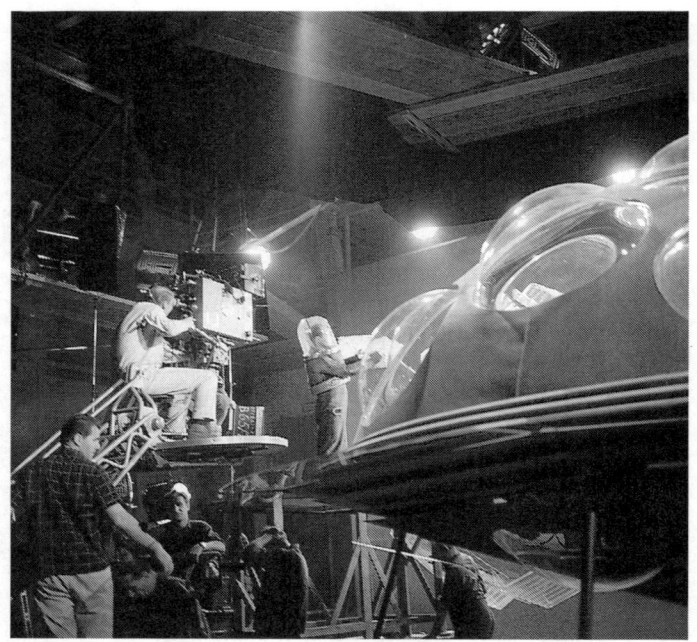

Dreharbeiten für ›Die phantastischen Abenteuer des Raumschiffs Orion‹, Folge ›Hüter des Gesetzes‹.

Über 60 populäre Serien mit weit über 2000 Folgen sind in den ersten 30 Jahren der Bavaria entstanden, zu ihnen zählt natürlich auch der *Fahnder,* den es ohne diese reiche Produktionserfahrung nie gegeben hätte – ebensowenig wie Schimanski. Hansjörg Felmy und Willy Semmelrogge waren übrigens die Vorgänger von Götz George und Eberhard Feik als *Tatort*-Kommissare der Bavaria.

Schimanski und ›Der Fahnder‹

Es muß wohl eines düsteren Novemberabends 1979 draußen in Geiselgasteig gewesen sein, als ein junger Drehbuchautor über eine Kippe von Humphrey Bogart stol-

perte. Da aber das große Idol aller jungen deutschen Drehbuchautoren niemals, nicht mal inkognito, die heiligen
Hallen der Bavaria betreten hat, gehen wir lieber davon
aus, daß der junge Mann sich soeben zum siebten Mal Howard Hawks' *The Big Sleep* (Tote schlafen fest) angeschaut

Götz George und Uschi Siebert in ›Mörderspiel‹ (1961).

hat. Danach sitzt er traurig vor der toten Mattscheibe und betrachtet noch trauriger die Löcher in seinen Camel-Boots. Dann stöhnt er: »Humphrey, wo bist du geblieben?« und denkt schaudernd an all die deutschen Kommissare mit ihrem treuen Hundeblick. Warum gibt es in Deutschland keine dieser schäbigen Flüsterkneipen, wo sich all die schlimmen Finger aus den alten Hollywood-Filmen der Schwarzen Serie treffen? Wo sind die Bullen und Detektive, die sich ohne Netz und doppelten Boden in hinterhältige Fälle stürzen, die sie Kopf und Kragen kosten können?

Vielleicht ist dem Autor in diesem Moment ein Boulevardblatt in die Hände gefallen, das in schillernden Farben ein schmutziges Verbrechen im Ruhrpott schildert und auch noch einen unkonventionellen Kommissar in petto hat, der sich nicht scheut anzuecken, wenn es ihm um die Wahrheit geht. So könnte die Legende von der Geburt Schimanskis, Vorname Horst, etwa klingen.

In der Realität ging es freilich anders zu. Schimanski ist, wie auch der *Fahnder,* ein Kind der Bavaria-Dramaturgie. Auf der Suche nach einem neuen Serienhelden wollte man weg vom optisch auswechselbaren Bild eines Polizisten mit Trenchcoat, den langweiligen Wollsiegel-Sakkos und Sicherheitsschuhen. So entstand ein unkonventioneller Kommissar, der sich gefährlichen Situationen aussetzt und bereit ist, Fehler zu machen. Zwar eine Kunstfigur ohne konkrete Vorbilder, aber ein Bulle mit realistischen Zügen und Prolo-Manieren, Typ Elefant im Porzellanladen, der kein Fettnäpfchen ausläßt. Ruppig, schnell und direkt, aber menschlich und bis zur Selbstaufgabe ehrlich. Ein Antibeamter mit Ehrenkodex und unverrückbarem moralischem Standpunkt. Unbequem für alle: für die Vorgesetzten, für die Kollegen und freilich auch für die Ganoven. Kein Wunder, daß Schimanski immer wieder auf die Nase fällt und sich darüber mit seinem Lieblingswort beschwert.

Schimanski-Vorgänger Hansjörg Felmy (links) mit Kollegin Karin Eickel-
baum und Regisseur Wolfgang Becker bei den Dreharbeiten zum Tatort
›Zweikampf‹ (1973).

Apropos »Scheiße«: Der holländische *Tatort*-Autor Chiem
van Houweninge hat für seinen Tatort *Kielwasser* eine bri-
sante Waffenschiebergeschichte recherchiert; nach der
Ausstrahlung der Sendung bekommt er von einer großen
Boulevard-Zeitung einen Anruf. Chiem denkt: »Aha, die
wollen was über die Hintergründe der Waffenschiebereien
wissen.« Doch der Redakteur fragt nur, ob er tatsächlich
32mal »Scheiße« in das Drehbuch geschrieben hat.
»Sch …« fällt Chiem nur noch ein, als er dann in dem Blatt
lesen muß: »Jetzt reicht's.« Damit ist freilich nicht das Waf-
fengeschäft gemeint. Bekannter ist Chiem den Zuschauern wohl in der Rolle des Hänschen.

Die 17 »Schimanski«-Tatorte für den WDR, die bis 1988 entstehen, sind das Werk von weit über einem Dutzend Autoren und Regisseuren.

Doch zurück zu den Anfängen. Die Idee verlangte einen glaubhaften Darsteller, der sich in der dreckigen Grauzone zwischen Zuhältern, Nutten und Ganoven durchsetzen kann. Ein Glücksfall war Götz George, der seine Stunts übrigens fast alle selbst ausführt. Zusammen mit Eberhard Feik war das starke Gespann komplett. Zwei grundverschiedene Typen, der eine mit gammeligem Parka und T-Shirt, der andere mit Anzug und Krawatte.

Eine Sensation ist es in jedem Fall, als am 18. Juni 1981 der erste Schimanski-Tatort *Duisburg-Ruhrort* über den Bildschirm läuft (Regie: Hajo Gies). Ein Teil der Nation (15,38

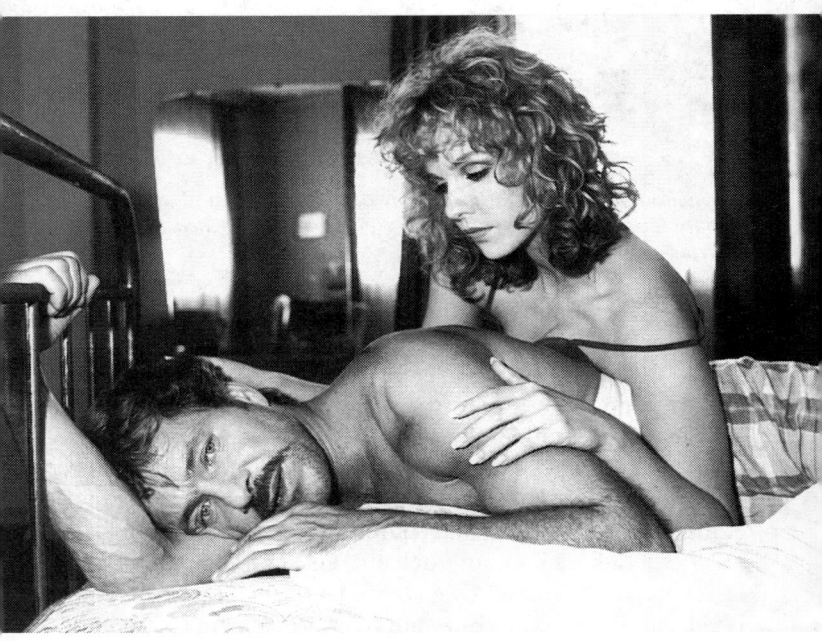

Schimanski läßt sich von ›Zabou‹ (Claudia Messner) pflegen.

140

Millionen sehen zu) reagiert begeistert und geplättet auf den neuen Parka-Bullen aus dem Kohlenpott, während sich der andere Teil der Nation pikiert von dem »Proloty-pen« abwendet.

Inzwischen hat sich sogar die Polizei mit ihrem berühmten TV-Kollegen angefreundet. In Duisburg gilt Schimmi als Lokalmatador. Ein Großteil seiner Abenteuer findet aller-dings in Bavaria-Kulissen statt. Über den Grund des Er-folgs der »Schimanski«-Tatorte lassen sich nur Mutmaßun-gen anstellen. Immerhin sorgt die Beliebtheit des halbstar-ken Bullen dafür, daß sich seine Fans auch noch über zwei Schimanski-Spielfilme (Regie: Hajo Gies) im Kino freuen dürfen: *Zahn um Zahn* und *Zabou,* in denen Renan De-mirkan und die Newcomerin Claudia Messner seine Ge-genspielerinnen sind. Unter der Regie des *Tatort-* und *Fahnder*-Regisseurs Dominik Graf steht Götz George 1987 ebenfalls für einen Bavaria-Kinofilm vor der Kamera. Titel: *Die Katze,* Partnerin: Gudrun Landgrebe.

Der Fahnder

Ein anderer Glücksfall ist *Der Fahnder.* Der Erfolg dieser Vorabendserie fiel allerdings ebensowenig vom Himmel wie andere.

Die neue Polizistenserie sollte weder mit Schimanski kon-kurrieren noch einen der alten Kommissartypen als Hel-den bekommen. Um Fahnder sollte es gehen, um Polizi-sten, die draußen bei Wind und Wetter die Dreckarbeit ma-chen und so gut wie nie mit so hochkarätigen und filmi-schen Delikten wie Mord und Totschlag zu tun haben. »Frontschweine« also, ausführende Organe, die sich vom Drogendealer bis zum entlaufenen Hund um alles küm-mern müssen. Der Fahnder sollte ein Polizist sein, der keine Berührungsängste kennt und ein Stück des Milieus ist – wenn auch der Mann von der anderen Seite. Daß es sich bei dem Fahnder Faber um einen Typen im letzten

Das ›Fahnder‹-Quartett (von links) Dietrich Mattausch, Klaus Wenne-mann, Dieter Pfaff und Klaus-Jürgen Schatz.

Glied handelt, zeigt nicht nur sein alter grüner Ford, son-dern auch das Provisorium als Amtsstube: ein Container, vom Team nur »Aquarium« genannt, der immer wieder neue Standorte findet.

Ein Fahnder muß her. Der findet sich nicht nur bald, der ist damals bereits auf die Leinwände der USA vorgedrungen: der LI (Leitende Ingenieur) Klaus Wennemann aus dem Bavaria-Flaggschiff *Das Boot*. Doch mit Wennemann al-leine ist die Besetzung nicht komplett. Viel stärker als Schi-manski arbeitet der Fahnder im Team. Dazu gehört seine Frau Susanne (Barbara Freier) mit der fliegenden Kneipe, die in fast jeder Folge an einer anderen Stelle aufgeschla-gen wird. Fehlen dürfen freilich auch nicht sein Chef,

Hauptkommissar Rick (Dietrich Mattausch), und der Lehrling mit dem bezeichnenden Namen Max Kühn (Klaus-Jürgen Schatz). Abgerundet wird das Team von dem später dazugestoßenen Streifenpolizisten Otto (Dieter Pfaff). Für »Gruppendynamik« sorgen auf jeden Fall die Reibereien zwischen Faber und seinem Boß Rick. Daß sich beide mehr mögen, als sie zeigen, wird rasch klar, wenn ein Donnerwetter von oben aufzieht. Dann holen Rick und Faber füreinander die Kohlen aus dem Feuer.

Obwohl es nicht gerade einfach ist, realistische Storys im Halbweltmilieu zu entwerfen, freuen sich viele Autoren, neue Schauplätze und Menschen jenseits der Fernsehroutine beschreiben zu dürfen. Insgesamt arbeiten für die *Fahnder*-Serie abwechselnd über 20 Autoren. Man spürt, daß sie mit großer Lust an die Sache gehen: Hier gibt es etwas Neues zu entdecken, etwas Reales, das gleich an der nächsten Ecke passieren könnte – und freilich doch nie so im Leben passiert. Allein mit dem Tempo, mit dem eine Folge über den Bildschirm rast, kann das Leben nicht mithalten. Zu fast jeder der 52 Folgen, die in fünf Jahren entstehen, liefern tatsächliche Geschehnisse den Rahmen oder den Anstoß. Die Themen reichen von Schutzgelderpressung bis zur Hehlerei. Die unterschiedlichen Handschriften und Temperamente der Autoren und Regisseure geben der Serie immer wieder aufs neue ihren Reiz und schützen vor Abnutzungserscheinungen. Es gibt allerdings auch ein paar Auflagen: Der Zuschauer soll nicht erkennen, daß die Serie in München entsteht. Es darf kein Schweinsbraten und kein Weißbier auf dem Tisch stehen – und da die Stories überall und nirgendwo spielen, wurde kurzerhand für die Fahrzeuge ein Kennzeichen gewählt, das es nicht gibt: G wie Gustav.

Nur selten dreht das *Fahnder*-Team auf dem Bavaria-Gelände. Manchmal müssen zwar Produzentenbüros als Polizeidienststuben herhalten, doch das Team bevorzugt Originalschauplätze. So stand einige Zeit der *Fahnder*-Container auf einem Freigelände am Münchner Ostbahnhof, in einträchtiger Nachbarschaft mit einem Bordell. Es dauerte einige Zeit, bis die Nachbarn die Scheu vor den vielen (falschen) Polizeiwagen verloren. Die *Fahnder*-Aktionen in dem Etablissement beschränkten sich nach Auskunft der Produktionsleitung hauptsächlich aufs Telefonieren, da das »Aquarium« (der fliegende Container) keinen eigenen Telefonanschluß besitzt.

Wissen Sie übrigens, wer der dankbarste Darsteller in der *Fahnder*-Serie ist? Der grüne Ford, der Faber wie eine Duftmarke begleitet. Nach fast sieben Dienstjahren, etlichen Stunts und 220 000 Kilometern auf dem Buckel leistet der Wagen immer noch hervorragende Dienste. Das darf man hier getrost sagen, denn für einen Product-Placement-Effect ist die Schleuder wohl um einige Jahre zu alt. Die Mühle hat aber auch noch einen praktischen Effekt: Fragt bei Dreharbeiten ein Passant einen anderen, was denn da für ein Film gedreht wird. Antwort: »Ja, sehen Sie das grüne Auto nicht?«

Bei der Bavaria freut man sich nicht nur über die Popularität der Serie und des Fahnders Klaus Wennemann, sondern auch darüber, daß die ARD 1988 einen *Fahnder*-Pilotfilm ins Abendprogramm geholt hat. Der *Fahnder* wird also weiter fahnden. Vielleicht kriegt er mal ein neueres grünes Ford-Modell, aber das wird auch alles sein.

In der Serienredaktion brütet man unter der Leitung von Georg Feil allerdings schon wieder an neuen Krimiserien. Man darf gespannt sein, denn langweilige Polizisten schickte die Bavaria bisher nie in Serie.

Vom ›Boot‹ bis ›Enemy Mine‹
Wolfgang Petersen und die Bavaria

Die beginnenden achtziger Jahre sind für die Bavaria die Zeit der Rückbesinnung auf das Kino. Dabei darf man freilich nicht die herausragende Arbeit für das Fernsehen vergessen, die das eigentliche Standbein des Studios ist. Der deutsche Film, in den Nachkriegsjahren international zur Bedeutungslosigkeit geschrumpft, fand wieder Beachtung und den Weg in die Studios. Zuerst mit Außenseiterproduktionen einer neuen Generation, in denen besonders die Kraft und der Mut auffielen, mit dem Medium neue, aufregende Wege zu gehen. In dieser Zeit stand oft die Idee des Films mehr im Vordergrund als das Handwerk. Mit dem Niedergang der deutschen Filmproduktionen ist das Handwerk in den Winterschlaf geschickt worden oder wurde, wie die reichen Ressourcen der Bavaria, vom Fernsehen genutzt. Hin und wieder griffen große amerikanische Produzenten auf das Studio zurück, deutsche Kinofilmproduktionen blieben die Ausnahmen. Insgesamt herrschte damals in der deutschen Filmindustrie – oder dem, was noch von ihr übrig war – eher eine Stimmung von Resignation. Was fehlte, war Mut.

Als Günter Rohrbach, zuvor Fernsehspielchef beim WDR, 1979 zusammen mit Harald Junge die Leitung des Studios übernimmt, stößt er auf ein Projekt, das eigentlich schon abgewrackt und dem Untergang geweiht war: Lothar Günther Buchheims *Das Boot*. Mit amerikanischen Schauspielern und einem Hollywood-Regisseur sollte das Großprojekt einst auf der Ostsee vom Stapel laufen. Doch dazu kam es nie. Angeblich haben schon die Arbeitsbedingungen an und auf der See die Hollywood-Stars abgeschreckt. Sie hätten an nur einem der 166 Tage dabeisein müssen, die Wolfgang Petersen und seine Mannschaft in diesem schwimmenden Sarg zubringen. Es ist nicht einfach, *Das Boot* wieder flottzumachen. Teure Rechte müssen gekauft, ein neues Drehbuch geschrieben, ein Regisseur und die Hauptdarsteller gefunden werden. Vor allem muß eine Finanzierung auf die Beine gestellt werden.

Mit Wolfgang Petersen wählt man einen Regisseur, der sich als exzellenter Tatort-Macher und Regisseur eher unbequemer Stoffe einen Namen gemacht hat. Über ihn kommt

Vorher/nachher: ›Das Boot‹ beim Einlaufen in den Hafen von La Ro-chelle. Das infernalische Schlußbombardement, angerichtet von der Spe-cial-Effect-Mannschaft.

man dann auch auf den Hauptdarsteller Jürgen Prochnow, der schon in Petersens *Die Konsequenz* die Hauptrolle ge-spielt hat. In einem Kraftakt entwirft Petersen ein völlig neues Drehbuch. Man ist sich schon sehr früh darüber klar, daß man für die Studioarbeiten kein Pappmachéboot will, sondern eine geschlossene Röhre, um einen möglichst do-kumentarischen und realistischen Eindruck über das Leben und die Ängste der 43 Besatzungsmitglieder in die-sem schwimmenden Sarg zeigen zu können. Nach Origi-nalplänen stellen die Bavaria-Werkstätten verschiedene Modelle her: für die Vorproduktion ein 11-Meter-Boot, mit dem vor Helgoland Sturmaufnahmen gedreht werden, ein

67-Meter-Außen-Boot, das, als es vor La Rochelle liegt, nicht mal Lothar Günther Buchheim auf Anhieb von einem echten VII C-Boot unterscheiden kann. Für die Innenaufnahmen wird eine 55 Meter lange und 6,5 Meter breite Innenröhre gebaut. Für Trick- und Spezialaufnahmen unter Wasser gibt es Modelle von 11, 5,5 und 2,3 Meter Länge. Das Innenboot ist in drei Teile zerlegbar. Auf einer riesigen Wippe im Studio werden die einzelnen Bootsteile durch die Luft gewirbelt, um Wasserbombenangriffe möglichst authentisch zu simulieren. »Echte« blaue Flecken trägt die Besatzung mehr als genug davon. Wer heute auf der Filmtour durch *Das Boot* läuft, wird nicht nur erstaunt sein, wie detailgetreu und aufwendig diese Röhre nachgebaut worden ist, er erfährt auch, was es heißt, hier arbeiten zu müssen. Schauspieler, Technik und Regie haben tatsächlich am eigenen Leib das Leben im Boot erfahren. Jost Vacano, der Kameramann (der später auch wieder bei der *Unendlichen Geschichte* dabei war) hat sich die Oscar-Nominierung (wie alle anderen Mitarbeiter) redlich verdient. Gepolstert wie ein Football-Spieler rast er hinter den Darstellern mit der auf die Brust geschnallten Kamera durch die engen Kugelschotts.

Dank einer einjährigen fieberhaften Produktionsvorbereitung ist es dann am 7. Juli 1980 soweit. *Das Boot* sticht in See, für die Bavaria beginnt ein Abenteuer, wie es keines seit der Einführung des Tonfilms mehr gegeben hat. 18 Millionen Mark sollte die Kombination aus Kinofilm und Fernsehserie kosten. Nach 166 harten Drehtagen, die oft übermenschliche Anstrengungen verlangen, ist am 9. Juni 1981 (dem offiziell letzten Drehtag) längst klar, daß das teuerste Filmprojekt, das bis dahin in Deutschland realisiert worden ist, seine geplanten Kosten weit sprengen würde. Unvorhersehbares und eine Menge Pech haben die Produktion gebeutelt: Das Originalaußenboot, einst für die Ostsee entworfen, zerbricht auf dem rauhen Atlantik in zwei Teile. Die Produktion kommt ins Stocken, von Abbruch ist die Rede. Es wird neu gerechnet, neu überlegt, schließlich geht es weiter. *Das Boot* beschert Regisseur, Produktionsleiter, Produzent und allen, die unmittelbar an dem Produktionsprozeß beteiligt sind, schlaflose Nächte. Als der Film schließlich am 17. September 1981 im Münchner Mathäser-Palast seine Gala-Premiere feiert, spricht die Nation von der magischen Zahl 28 Millionen. Nur wenige wissen heute noch, welch eine Arbeit, wieviel Schweiß – und nicht zuletzt auch wie viele Tränen sich hinter dieser Zahl verbergen, die freilich dann Petersens nächstes Projekt *Die unendliche Geschichte* noch übertreffen wird – gedreht auch in der Bavaria, in der gleichen Halle 4/5, wo zuvor *Das Boot* entstand.

Ohne die Erfahrungen aus *Das Boot,* darüber sind sich alle Beteiligten klar, wäre diese deutsche Fantasy-Story mit ihren vielen Spezialeffekten und Tricks kaum machbar gewesen. Im nachhinein wird ersichtlich, wie wichtig *Das Boot* nicht nur für die Bavaria ist, sondern für den gesamten deutschen Film. Mit dem *Boot* wird nicht nur all das aktiviert, was noch aus alten Kinotagen vorhanden ist, sondern auch neues Know-how geschaffen. Eine perfekte Organisation und Logistik über Monate ist notwendig, wie sie nur selten im deutschen Film verlangt wird. Von der Ausstattung über die Maske bis zur Requisite wird Außergewöhnliches verlangt. Kilometer von Film laufen über den Schneidetisch von Cutter Hannes Nikel.

Im Studio werden die Trickspezialisten mit schier unlösbaren Aufgaben konfrontiert, wenn es um actionreiche Aufprojektionsaufnahmen geht.

Vor der Aufprojektionswand wird im Studio der Turm des ›Bootes‹ unter Wasser gesetzt, um heftigen Sturm zu simulieren.

Besonders erfindungsreich sind die Special-Effect-Leute von Charlie Baumgartner. Bei der Aufprojektion in der Halle müssen sie die Darsteller mit Brechern fast vom Turm wehen und vor Ort das Außenboot im Hafen von La Rochelle fachgerecht bei einem Bombenangriff versenken. Parallel dazu sind einige hundert Sprengladungen zu zünden, um den stillen Hafen in ein Inferno zu verwandeln. Kein Fehler darf dabei passieren. Mehr als einen Versuch gibt es nicht.

Nach dem *Boot* kann die Bavaria selbstbewußt von sich behaupten, zu den modernsten Studios in Europa zu zählen. Für alle am *Boot* Beteiligten gab es wohl kaum ein schöneres Geschenk als sechs Oscar-Nominierungen. Darunter gleich zwei für Wolfgang Petersen (Drehbuch und Regie). Für die Bildgestaltung wird Jost Vacano nominiert, für den Schnitt Hannes Nikel und für den Ton Milan Bor, Trevor Pyke und Mike Le-Mare, der auch für den Tonschnitt vor-

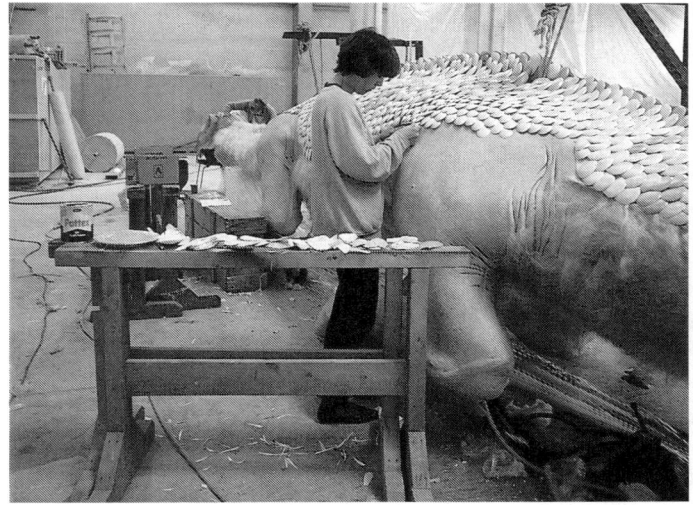

Modellarbeiten für ›Die unendliche Geschichte‹ – der Glücksdrache Fuchur entsteht.

geschlagen wird. Bis 1987 erreicht *Das Boot* weltweit über 70 Millionen Zuschauer und erhält zahlreiche internationale und nationale Preise und Auszeichnungen.

Mit dem *Boot* gelingt es der Bavaria, einen deutschen Kinofilm erfolgreich auf dem amerikanischen Markt zu plazieren, was bisher unmöglich schien.

Die unendliche Geschichte

Das Ereignis für deutsche Kinofans ist 1983 *Die unendliche Geschichte*. Turnschuhträger Bernd Eichinger, Anfang 30, hierzulande wie Steven Spielberg auch gerne als Wunderkind bezeichnet, wagt sich an einen Roman, der als nicht verfilmbar gilt: Immense Kosten und ein technischer Aufwand, wie ihn sich bislang kein deutsches Studio leisten konnte, standen einer Realisierung entgegen. Eichinger, Absolvent der Münchner Filmhochschule, Verleihchef und Kinonarr, läßt die Idee, aus Michael Endes Fantasy-Roman ein Kinomärchen zu schaffen, keine Ruhe. Mit der Bavaria als Koproduzent, dem Know-how des Studios und einer großen Portion Mut macht er sich ans Werk. Mit dabei sind Wolfgang Petersen, Kameramann Jost Vacano, Szenenbilder Rolf Zehetbauer und Cutter Hannes Nikel, also die Spitzenleute des *Boot*-Teams.

Während der Vorbereitung wird jede Einstellung in einem genauen Storyboard festgelegt: *Die unendliche Geschichte* fordert noch mehr als *Das Boot* Trickarbeiten und Spezialeffekte. Ganz zu schweigen von den vielen Bauten und Ausstattungsdetails aus der kreativen Werkstatt der Bavaria-Ausstattung. Auf der Besetzungsliste stehen auch zahlreiche künstliche Fabelwesen in unterschiedlichen Größen, die gebaut und in Bewegung gesetzt werden müssen. Gedreht wird in Englisch mit amerikanischen Hauptdarstellern – schließlich muß Bernd Eichinger das meiste Geld für die rund 60 Millionen Mark teure Produktion in den USA verdienen.

›Die unendliche Geschichte‹: Tierstunt in der Halle 4/5, bei dem der Schimmel auf einer Hebebühne im Morast versinken muß.

Erneut werden die Mitarbeiter der Bavaria bis an die Grenze ihres Könnens und ihrer Belastbarkeit beansprucht, doch schon nach einem halben Jahr fällt die letzte Klappe, und am 6. April 1984 wird im Münchner Mathäser-Palast die Premiere gefeiert.

Die kindliche Kaiserin der ›Unendlichen Geschichte‹ Tami Stronach.

Millionen Besucher erfreuen sich an dem Kinomärchen von Michael Ende und Wolfgang Petersen. Sie feiern die Hauptdarsteller Tami Stronach, Noah Hathaway, Barret Oliver und Tilo Prückner in seiner Rolle als Nachtalb. Fuchur, der Glücksdrache, wird zu einem der großen Kinostars – und ist auch heute noch ein gehätscheltes Fantasy-Wesen der Filmtour. Mit ihm kann man hinüber ins Traumland des Kinos schweben wie Bastian im Film.

Enemy Mine

Daß sich im Filmgeschäft Erfolge bis nach Hollywood rumsprechen, ist nichts Neues. Neu ist aber, daß ein großer Hollywood-Produzent einem deutschen Regisseur den Wunsch erfüllt, eine Großproduktion in seinem Lieblingsstudio zu drehen.

Der Twentieth Century Fox fällt das nicht besonders schwer, ist doch Wolfgang Petersen spätestens nach der *Unendlichen Geschichte* ein wichtiger Name in der US-

Dennis Quaid und der kleine Drac in ›Enemy Mine‹.

Filmmetropole. Sogar einige New Yorker Finanziers können seinen Namen inzwischen akzentfrei aussprechen. Mit der eigens für diese Produktion gebauten neuen Halle 9 (2650 Quadratmeter) steht ein gigantisches Studio zur Verfügung, das bequem den fremden Planeten der Weltraum-Robinsonade *Enemy Mine* aufnehmen kann. Dabei erwartet die Ausstattung eine doppelte Aufgabe – einmal ist ein fremder Planet zu entwerfen und andererseits die High-Tech-Welt von Übermorgen zu gestalten (die heute auf der Filmtour zu besichtigen ist). In sechs Studiohallen wird gleichzeitig mit verschiedenen Teams gedreht. Schon die Logistik der Ausstattung ist eine Generalstabsarbeit. Besonders große Anforderungen werden in den 105 Drehtagen an die Maskenbildner gestellt. Oscar-Gewinner Louis Gossett jr. *(Ein Offizier und ein Gentleman)* muß tagtäglich eine stundenlange Prozedur in der Maske über sich ergehen lassen, bevor er als außerirdisches Echsenwesen seinem Partner Dennis Quaid gegenübertreten kann. Der kommt als irdischer Weltraumpilot mit weniger Aufwand aus.

Die Neuen Deutschen Regisseure und das Studio

Seit Mitte der siebziger Jahre entdecken mehr und mehr Regisseure des Neuen Deutschen Films die Vorteile eines Studios wieder. Unter ihnen sind Hans W. Geissendörfer, Volker Schlöndorff, Robert van Ackeren, Rainer Werner Fassbinder, Klaus Emmerich, Bernhard Sinkel, Peter F. Bringmann und natürlich Wolfgang Petersen.

Rainer Werner Fassbinder: **Berlin Alexanderplatz**

1976 nutzt Rainer Werner Fassbinder erstmals die Möglichkeiten der Bavaria. Kurt Raab ist sein *Bolwieser* in der gleichnamigen Oskar-Maria-Graf-Verfilmung. Auch danach ist Fassbinder bis zu seinem frühen Tod regelmäßiger Gast im Studio. 1977 holt er für *Despair – Eine Reise ins*

Günter Lamprecht und Hanna Schygulla während einer Drehpause bei Fassbinders ›Berlin Alexanderplatz‹.

Licht Andrea Ferreol und Dirk Bogarde nach Geiselgasteig. 1979 besetzt er für die Bavaria-Produktion *Berlin Alexanderplatz* (nach Alfred Döblins Großstadtroman) so ziemlich alles, was im deutschen Fernsehen und Film als Darsteller Rang und Namen hat: Günther Lamprecht, Hanna Schygulla, Barbara Sukowa, Brigitte Mira, Gottfried John, Roger Fritz, Karin Baal, Hark Bohm, Ivan

Andrea Ferréol und Dirk Bogarde in ›Despair – Eine Reise ins Licht‹ von Rainer Werner Fassbinder.

Desny, Mechthild Großmann, Irm Hermann, Udo Kier, Margit Carstensen, Helmut Griem, Volker Spengler, Elisabeth Trissenaar, Barbara Valentin, Helen Vita und den Schriftsteller Gerhard Zwerenz. Der Aufwand gibt Fassbinder recht. International wird das Werk bejubelt, bleibt in Deutschland aber heftig umstritten.

1980 macht Fassbinder Hanna Schygulla zu *Lili Marleen* und 1981 Barbara Sukowa zur verführerischen *Lola*. Rosel Zech spielt im gleichen Jahr die *Sehnsucht der Veronika Voss* (sie wird später die Hauptdarstellerin in der Bavaria-Serie *Die Knapp-Familie).* Sein letzter Film, zu dem die Bavaria die Dekoration in die Berliner CCC-Studios liefert, ist 1982 *Querelle*.

Am 10. Juni 1982 stirbt Fassbinder.

Bernhard Sinkel: **Felix Krull** und **Väter und Söhne**

Eine wunderbare, klassische Komödie soll es werden, als man sich 1980 anschickt, Thomas Manns *Bekenntnisse des Hochstaplers Felix Krull* zu verfilmen. Bernhard Sinkel

Barbara Sukowa ist Fassbinders ›Lola‹.

und sein Autorenkollege Alf Brustellin haben eine vielversprechende Vorlage geschrieben, die weit über die fragmentarische Verfilmung von Kurt Hoffmann in den fünfziger Jahren hinausgeht. Der ganze Reichtum und die Dekadenz der Belle Epoque sollen hier mit ironischem Augenzwinkern in fünf Teilen für den Bildschirm entworfen werden.
Einer ausführlichen und aufwendigen Neuverfilmung steht nichts mehr im Wege, könnte man nur in Deutschland einen Hauptdarsteller finden. Endlich kommt man auf den

Felix Krull (John Moulder-Brown) wird bei Madame Houpflé (Magalie Noël) zum willigen Opfer einer Affäre. Eine Szene aus Bernhard Sinkels ›Bekenntnisse des Hochstaplers Felix Krull‹ nach Thomas Mann.

Burt Lancaster mit Filmfamilie in Bernhard Sinkels ›Väter und Söhne‹. Von links: Bruno Ganz, Tina Engel, Julie Christie, Dieter Laser und Filmkindern.

Briten John Moulder-Brown, der bereits zehn Jahre zuvor als Teenager in der Bavaria vor der Kamera stand (in *Deep End* von Jerzy Skolimowski).

Nicht um den beschwingt-ironischen Blick auf eine Epoche, sondern um die Darstellung einer gewaltigen Götterdämmerung geht es in Sinkels nächstem großem Fernsehprojekt, realisiert 1985: Aufstieg und Fall der I. G. Farben. *Väter und Söhne* ist die Geschichte einer Familie, die das

Geheimrat Carl Julius Deutz (Burt Lancaster) mit seinem Enkel Georg (Herbert Grönemeyer). Eine Szene aus ›Väter und Söhne‹ von Bernhard Sinkel.

Schicksal eines ganzen Landes mitbestimmt. Der Vierteiler mit dem Untertitel »Eine deutsche Tragödie« spannt einen zeitlichen Bogen von 1911 bis zu den Nürnberger Kriegsverbrecherprozessen 1948.
Sinkel gelingt es, Hollywood-Star Burt Lancaster zu gewinnen (neun Jahre zuvor spielte Lancaster in Robert Aldrichs *Twilights Last Gleaming* [Das Ultimatum] in Geiselgasteig). Neben Lancaster stehen Julie Christie und zahlreiche hochkarätige deutschsprachige Schauspieler vor der Kamera. Darunter Bruno Ganz, Herbert Grönemeyer, Dieter Laser, Tina Engel, Christian Doermer, Martin Ben-

rath, Katharina Thalbach, Hannes Jaenicke und Rüdiger Vogler.

Klaus Emmerich: **Rote Erde**

Noch vor der Geschichte der Mächtigen in *Väter und Söhne* entsteht 1982 in der Bavaria Klaus Emmerichs Neunteiler *Rote Erde*. *Rote Erde* ist die Geschichte des Ruhrgebiets, seiner Menschen und ihres Kampfes um Leben und Überleben. Eine Geschichte von unten also, angesiedelt in der Zechensiedlung »Siegfried«. Sie beginnt 1888 und reicht bis Anfang der zwanziger Jahre. Baukosten für die eindrucksvollen Vollkulissen, die heute noch stehen: knapp zwei Millionen Mark. Gesamtkosten des Films: 15 Millionen Mark.

Regisseur Klaus Emmerich (links) und Kameramann Josef Vilsmeier bei den Dreharbeiten zu dem Fernsehfilm ›Rote Erde‹.

Szene aus Klaus Emmerichs Fernsehfilm ›Rote Erde‹. Bruno Kruska (Claude Oliver Rudolph), Sohn eines armen Pachtbauern aus Masuren, kommt gerade bei der Zeche Siegfried an, wo er gutes Geld zu verdienen hofft.

64000 Meter Film werden belichtet und 180000 Kilowatt Strom während der neun Monate Drehzeit verbraucht.
In der Siedlung »leben« 45 Teammitglieder, 70 Darsteller, 800 Komparsen, 10 Pferde, 45 Gänse, 40 Hühner, 25 Kaninchen, 2 Schweine und 30 Brieftauben.
Für Klaus Emmerich, der schon zuvor in der Bavaria als Regisseur gearbeitet hat *(Die erste Polka)*, und sämtliche Mitarbeiter und Mitwirkenden ist der Dreh alles andere als ein Spaziergang. Nicht zuletzt, weil die Folgen nicht chronologisch gedreht werden können. In der ersten Dreh-

phase steht jahreszeitbedingt die Folge sechs auf dem Plan. Die Darsteller müssen sich also zuerst in eine ältere Lebensphase hineinfinden, bevor sie ihre filmische Jugend erleben konnten. Auf dem Bildschirm ist von diesem Problem natürlich nichts zu erkennen. Bei den Darstellern kann Emmerich auf zwei junge Schauspieler zurückgreifen, die zwei Jahre zuvor schon beim *Boot* aufgefallen sind: Claude Oliver Rudolph und Ralph Richter.

Wenn dieses Buch erscheint, werden die Besucher der Filmtour endlich wissen, wieso die *Rote Erde* über ein Jahr wie ein rosa Zauberland aussah: Hollywood-Regisseur Clive Donner hat 1986 das moderne Märchen *Abenteuer*

Regisseur Peter F. Bringmann (rechts) mit Schauspieler Heinz Bennent bei den Dreharbeiten zu dem Politthriller ›Gambit‹.

Dieter Hallervorden in ›Ach Du lieber Harry‹.

im Spielzeugland auf dem Gelände realisiert (mit *Karate Kid*-Star Pat Morita und Drew Barrymore aus *E. T.*). Bald wird die *Rote Erde* aber wieder ebenso grau und reali-

Hans Joachim Kulenkampff in Wolfgang Glücks ›Münchhausens letzte Liebe‹ als gealterter Lügenbaron mit Anne Tiesmer.

stisch ausschauen wie zuvor, wenn die Serie fortgesetzt wird und in die fünfziger Jahre führt.

Nachtrag:

Es ist das Schicksal vieler Bavaria-Projekte oder -Serien der achtziger Jahre, daß sie im Schatten spektakulärer Großprojekte bleiben, obwohl sie durchaus Herausragendes zu bieten haben. Über dem *Boot* vergißt die Presse fast, daß auch Dieter Hallervorden in *Ach Du lieber Harry* und John Hurt in Delbert Manns Ost-West-Fluchtfilm *Mit*

dem Wind nach Westen zur gleichen Zeit in der Bavaria drehen. Nachdem *Das Boot* aus der Halle 4/5 ausgezogen ist,
wird sie zum Kabinett von Thomas Manns *Dr. Faustus,* ge-
spielt von dem britischen Star John Finch. Produzent und
Regisseur ist Franz Seitz.
Als *Schneemann* wird 1984 Marius Müller-Westernhagen
für die Bavaria durch halb Europa gehetzt. Regisseur ist
Theo-Macher Peter F. Bringmann, der 1987 mit dem Polit-
Thriller *Gambit* im deutschen Fernsehen für Aufregung
sorgt. Die *Gambit*-Stars sind Despina Pajanou, Dominik
Raacke und Heinz Bennent. 1987 spielt Hans Joachim Kulenkampff, der bei der Bavaria regelmäßig seine *Nachtge-
danken* aufnehmen läßt, den Lügenbaron *Münchhausen.*

Gudrun Landgrebe und Götz George in Dominik Grafs ›Die Katze‹.

Götz George findet in *Zahn um Zahn* und *Zabou* zweimal erfolgreich den Weg auf die Kinoleinwand und steht danach mit Gudrun Landgrebe in *Die Katze* vor der Kamera. Loriot ist in seinem ersten Spielfilm *Ödipussi* gleichzeitig Autor, Regisseur und vielfacher Hauptdarsteller. Natürlich sind auch diese Ergänzungen ein nur unvollkommener Ausschnitt aus dem gesamten Produktionsprogramm.

Hollywood und andere Gäste

Schon 1951 klopfen in der Bavaria die ersten Gäste aus Hollywood an. Die Gründe, weshalb eine Hollywood-Produktion an der Isar und nicht zu Hause arbeitet, sind unterschiedlich. Natürlich ist es für einen US-Produzenten verlockend, in einem Studio zu drehen, in dem der Dollar mehr wert ist als zu Hause. Ausschlaggebend für eine Entscheidung, in Geiselgasteig oder Umgebung zu arbeiten, sind aber immer noch der Stoff, die benötigten Drehorte und die technischen Möglichkeiten des Studios.

Für seinen Film *Entscheidung vor Morgengrauen* (Decision before Dawn) bleibt Anatol Litvak kaum eine andere Wahl, als in Deutschland zu drehen. Litvaks Film, der in den letzten Kriegstagen spielt, nutzt 1951 die realen Kulissen der Trümmerlandschaften. Besetzt ist sein Film hauptsächlich mit deutschen Schauspielern, unter denen Hans Christian Blech auffällt. Hildegard Knef, O. E. Hasse und Oskar Werner spielen Hauptrollen. Auch in Elia Kazans *Der Mann auf dem Drahtseil,* der 1952 in der Bavaria entsteht, steht ein deutsches Thema im Mittelpunkt: menschliche Probleme, die sich aus der Teilung ergeben.

1972 klopft das Skandalpaar des Jahrzehnts an die Bavaria-Tore: Liz Taylor und Richard Burton geben sich in dem Film *Divorce His: Divorce Hers* ein mehr oder weniger freundliches Stelldichein. Der Titel *Seine Scheidung, ihre Scheidung* klingt wie ein Griff ins Leben der beiden Stars. Während sich Liz die Toilette pink streichen läßt – wohl zur

Eine Szene aus Robert Aldrichs ›Das Ultimatum‹ mit Richard Widmark.

Beruhigung der Nerven –, sucht Richard Burton Entspannung beim Alkohol. Für den englischen Regisseur Waris Hussein ist diese Produktion ein wahres Canossa, wenn man den Presseberichten glauben darf. Enttäuschend unskandalös ist dagegen der Auftritt Zsa Zsa Gabors, die 1966 neben George Hamilton und Joseph Cotten in der Bavaria-Koproduktion *Jack of Diamonds* vor der Kamera steht.

Gene Kelly dreht 1952 in Geiselgasteig den Film *Mit dem Teufel sind es drei*. Beim Bavaria-Team macht er sich durch Steinhäger-Runden beliebt und fliegt als Abschiedsgeschenk sogar eine Tanzpartnerin aus Hollywood ein, um sich mit einer privaten Show fürs gute Arbeitsklima zu bedanken. So die Bavaria-Legende.

Glück bringt die Bavaria einem anderen großen Holly-wood-Star: Als 1962 John Sturges mit einer ganzen Flug-zeugladung von Stars nach Geiselgasteig kommt, um *The Great Escape* (Gesprengte Ketten) zu drehen, ist ebenfalls

Steve McQueen in ›Gesprengte Ketten‹ von John Sturges.

ein Newcomer dabei. Die Truppe der Ausbrecher aus einem deutschen Kriegsgefangenenlager wird von James Coburn, Richard Attenborough, Donald Pleasance, James Garner, Charles Bronson und Steve McQueen angeführt. Für Steve McQueen bedeutet sein Auftritt in *Gesprengte Ketten* den Durchbruch zum Weltstar.

Alec Guinness in Gottfried Reinhards Spielfilm ›Lage hoffnungslos, aber nicht ernst‹.

Regie-Altmeister Billy Wilder trifft seinen Kollegen Wolfgang Petersen auf einem Empfang des Studios 1984.

Zwei Jahre später steht Robert Redford mit Alec Guiness für *Situation Hopeless, But Serious* vor der Kamera, Regie führt Gottfried Reinhard.

Wenig Freude hat 1961 Billy Wilder (»Manche mögen's heiß«) an seinem Ost-West-Schwank *Eins, zwei, drei* über Kommunismus, Liebe und den Cola-Krieg, der genau in die Zeit des Mauerbaus hineinplatzt. Trotz seiner hochkarätigen Besetzung wird der Film ein Flop. Aus Hollywood hat sich Wilder den großen James Cagney mitgebracht, der sich mit seiner brillanten Darstellung eines Coca-Cola-Managers von der Leinwand verabschieden will. In weiteren Paraderollen sind Horst Buchholz und Lilo Pulver zu sehen. Erst 1986 wird *Eins, zwei, drei* als eine von Wilders

173

*Billy Wilder (von hinten mit Mütze) bei den Dreharbeiten von ›Fedora‹.
Beim Tanz: Marthe Keller und Michael York.*

großen Komödien vom Publikum wiederentdeckt und gefeiert. Sein zweiter Film in Geiselgasteig, *Fedora* (1977), der letzte seines reichen Schaffens, wird ebenfalls kein Kinoerfolg, obwohl die Besetzung in der Bavaria für Starrummel sorgt: William Holden, Marthe Keller, Hildegard Knef, José Ferrer, Mario Adorf, Michael York und Ferdy Mayne stehen auf der Besetzungsliste.

Mal machen sich die großen Namen in Geiselgasteig rar, mal sorgen sie für einen regelrechten Auftrieb, wie etwa 1978: Mark Robsons *Avalanche Express* (Lawinen-Expreß) versammelt zur actionreichen Spionagehatz Robert Shaw, Lee Marvin und den späteren *Denver*-Star Linda Evans. In dem Terence Young-Film *Bloodline* werden bei der Besetzung zwar alle Register gezogen, trotzdem kann der High-Society-Thriller das Publikum nicht überzeugen. Mit dabei sind Audrey Hepburn, Romy Schneider, Ben Gazzara, James Mason, Claudia Mori, Irene Papas, Michelle Phillips, Maurice Ronet, Omar Sharif, Gert Fröbe, Wolfgang Preiss, Vadim Glowna und Walter Kohut. Fast bescheiden nimmt sich dagegen die Besetzung von John

Mark Robsons ›Lawinen-Expreß‹ mit Linda Evans und Lee Marvin (kniend).

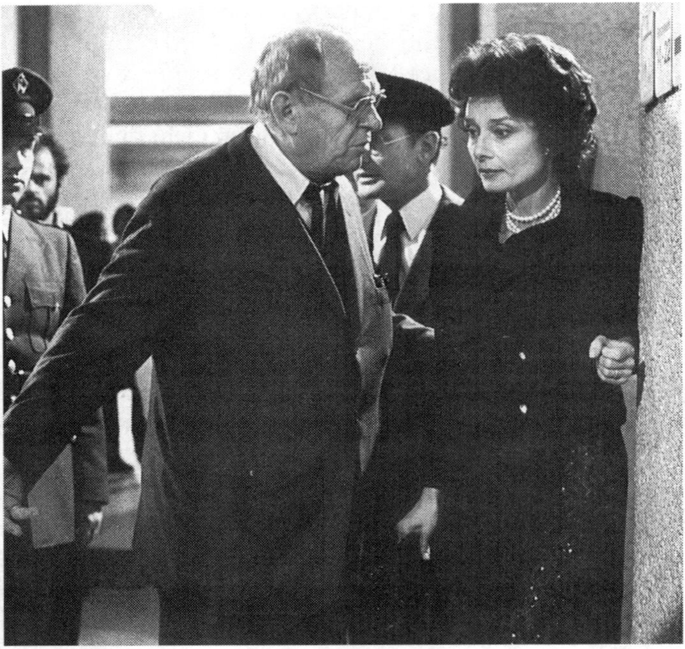

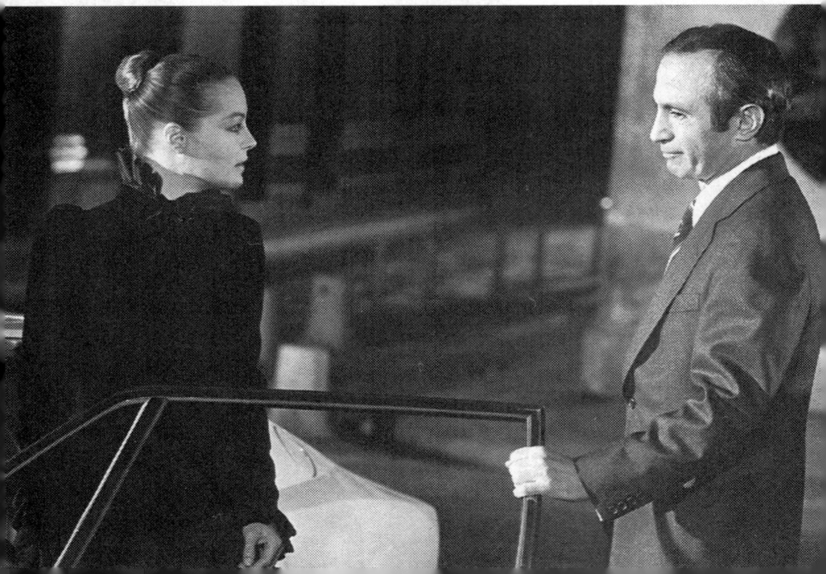

Oben: Sophia Loren in John Houghs ›Brass Target‹. Die Berliner Straße diente dem Film als Nachkriegs-Trümmerlandschaft.

Linke Seite: Die Stars von Terence Youngs Thriller ›Blutspur‹: Gert Fröbe mit Audrey Hepburn und Romy Schneider mit Ben Gazzara.

Houghs *Brass Target* (Verstecktes Ziel) aus, ein Thriller, der in der Nachkriegszeit spielt. Sophia Loren und John Cassavetes spielen die Hauptrollen. Die Nebenrollen können sich auch sehen lassen: George Kennedy, Robert Vaughn, Max von Sydow, Heinz Bennent und Brad Harris. Auf dem Bavaria-Boulevard der Berühmtheiten dürfen auch Diane Keaton und Klaus Kinski nicht fehlen, die 1983 ins tödliche Spionagenetz von George Roy Hills *The Little Drummer Girl* geraten. Ebenso Montgomery Clift. Er spielt 1961 in einer der letzten Rollen vor seinem frühen

Tod den Vater der Psychoanalyse in John Hustons Psycho-
melodram *Freud*.

1957 ist ein englischer Regisseur zu Gast in Geiselgasteig,
der erst am Beginn seiner Popularität steht. Bereits mit seinen frühen Filmen macht er deutlich, daß das Kino seine
Obsession ist. Zu seinen Leidenschaften zählen Qualität
und Perfektion: Stanley Kubrick.
Das bekommt auch das deutsche Team bei den Dreharbeiten zu dem Antikriegsfilm *Paths of Glory* (Wege zum
Ruhm) zu spüren. Kubrick, damals noch keine 30, begnügt
sich nicht damit, sich auf die Rolle des Regisseurs zurück-
zuziehen. Er kümmert sich um alles, was mit den Aufnahmen zu tun hat, und scheut sich auch nicht, selbst Hand an-
zulegen. Die Außenaufnahmen entstehen in Puchheim bei
München. Über 60 Arbeiter müssen drei Wochen schuften,
um Schützengräben und Granattrichter für die Kampfsze-
nen auszuheben. *Paths of Glory* wird zu einem erschüttern-
den, zeitlosen Fanal gegen den Krieg. Der Film, an der
französischen Front des Ersten Weltkrieges angesiedelt, ist
so brisant in seiner Aussage, daß er selbst Jahre nach den
Dreharbeiten in Frankreich nicht gezeigt werden darf. Die
Hauptrolle des Captain Dax, der sich gegen den menschen-
verachtenden Zynismus seiner Generäle auflehnt, spielt
Kirk Douglas, der den Film auch koproduziert.
Kirk Douglas zieht es ein Jahr später schon wieder in die
Bavaria. Diesmal spielt er den streitlustigen *Wikinger* in
Richard Fleischers gleichnamigem Film. Douglas, erneut
Koproduzent, setzt bei *Die Wikinger* sein ganzes Ver-
mögen aufs Spiel und gewinnt. Zu seinen Mitstreitern ge-
hören Tony Curtis und Ernest Borgnine. Janet Leigh, die
kurz darauf in Hitchcocks *Psycho* Karriere macht, spielt
die weibliche Hauptrolle.

1971 kommt Bob Fosse mit einem Projekt in die Bavaria,
das nicht nur mit einer hochkarätigen Besetzung aufwar-

Jean-Paul Belmondo sportlich. Während der Dreharbeiten zu ›As der Asse‹ entspannte sich ›Bebel‹ auf dem Bavaria-Gelände beim Fußballspiel mit dem Team.

Joel Grey ertanzt sich in Bob Fosses ›Cabaret‹ einen Oscar.

tet, sondern auch höchste Anforderungen an die Ausstattung stellt. Für *Cabaret* muß das Berlin der frühen dreißiger Jahre im Studio neu entstehen. Die Liste der Darsteller führen Liza Minelli, Michael York und Joel Grey an. Auch Helmut Griem und Fritz Wepper spielen wichtige Rollen. Der Film wird ein großer Publikumserfolg. Überraschung und große Freude ein Jahr später: Bei dem achtfachen Oscar-Regen, der 1972 auf *Cabaret* niedergeht, wird auch die Ausstattung gewürdigt: Mit seiner Arbeit holt Filmarchitekt Rolf Zehetbauer einen Oscar für die Bavaria und dokumentiert ein weiteres Mal die internationale Reputation des Studios.

Nur wenige Jahre nach *Cabaret* erhält die Ausstattungsabteilung erneut den Auftrag für eine Dekoration, in der die zwanziger und dreißiger Jahre in Berlin aufleben sollen. Ingmar Bergman will 1976 sein aufwendiges Projekt *Das Schlangenei* in der Bavaria realisieren, mit David Carradine und Liv Ullmann in den Hauptrollen. Für die Außenaufnahmen entschließt man sich, auf dem Bavaria-Gelände eine Straßendekoration zu errichten, deren Häuserfassaden auf den ersten Blick nicht als Filmdekoration zu erkennen sind. Sogar eine echte Straßenbahn aus der Zeit rattert über das Pflaster. Zuerst wird die Dekoration »Bergman-Straße« getauft. Später bürgert sich der Name »Berliner Straße« ein. Unter diesem Namen haben sie auch viele Filmtour-Besucher kennengelernt. 1986 mußte die »Berliner Straße« allerdings einem Straßenneubau weichen, der mit der Fernsehserie *Löwengrube* eröffnet wird.

David Carradine und Liv Ullmann in der Berliner Straße. Eine Szene aus Ingmar Bergmans ›Das Schlangenei‹.

Nach den Dreharbeiten zu *Schlangenei* wählt Bergman, mit seiner Heimat Schweden im Steuerstreit, Geiselgasteig als neues Domizil und eröffnet ein Produktionsbüro in Halle 10. Neben zahlreichen Theater- und Opernarbeiten in München dreht er 1979 in der Bavaria ein filmisches Kammerspiel. Der Film zeigt ein kompliziertes Geflecht menschlicher Schicksale und trägt den beziehungsreichen Titel *Aus dem Leben der Marionetten.*

Formel Eins

Halle 10, Donnerstag morgen, acht Uhr. Hektik. Der Aufnahmeleiter dirigiert eine Band in Position, der Chefkameramann prüft noch mal das Licht, die Moderatorin feilt an
ihren Texten, und der Regisseur gibt seine letzten Anweisungen. »Ruhe bitte«, Rotlicht leuchtet auf einer der drei
Kameras auf, dann heißt es: »Playback ab!«
Alltag für die *Formel Eins*-Macher. Nur einen Tag zuvor
wurde in der Redaktionskonferenz festgelegt, wie die
nächste Sendung ausschauen soll. Über den Ticker kommt

›Formel Eins‹-Moderator Kai Böcking mit Studebaker.

die Hitparade rein. Winner, Loser und Newcomer, das wöchentliche Auf und Ab. Nach ihm richtet sich das Programm und die Musikpräsentation. Die Nummer eins ist natürlich ein Muß in der Show. Dazu kommen die Nachrücker – und natürlich auch Specials aus amerikanischen und englischen Charts. Schnellschüsse sind angesagt, Musiksendungen sind nichts für lahme Typen. Hier heißt es blitzschnell reagieren. Ein guter Organisator ist König, und wer voraussagen kann, wer sich wann in der Hitparade plaziert, liegt im *Formel Eins*-Team genau richtig.

Schließlich muß schon ein paar Tage, bevor die Mediacontrol-Hitparade feststeht, die Dekoration für die neue Sendung vorbereitet werden, müssen Gruppen geordert und Gäste eingeladen werden. Am Tag der Aufzeichnung ist für Improvisation keine Zeit mehr. Jeder Handgriff muß sitzen, jedes Wort in der Moderation auf den Punkt gebracht werden. Keep smiling Peter, Ingolf, Stefanie und Kai, der neue Mann. Versprecher? »Vergiß es, wir fahren es diesmal heiß! Okay, Konzentration! Das Tiaitsch bei Eurythmics bitte diesmal englisch!«

Die lockere, soundstarke Unterhaltung fordert von den 30 Teammitgliedern ihren Tribut. Pannen darf sich keiner leisten, die Fans wollen pünktlich ihre *Formel Eins* sehen.

Hitparadensendungen gab es schon vor *Formel Eins,* doch keine schlug mit diesem Erfolg ein. Vielleicht, weil *Formel Eins* nicht am Reißbrett entworfen wurde. Am Anfang standen einige musikbegeisterte Newcomer, die etwas völlig Neues machen wollten. Die Bavaria und der WDR gaben ihnen die Chance, eine Musiksendung zu konzipieren, die zwar von ähnlichen Programmen aus den USA und England inspiriert, aber natürlich für deutsche Fans gedacht war. Ende 1982 fiel die Entscheidung, einen Versuchsballon zu starten. Pilotsendung nennt man solch ein Programm, das über Sein oder Nichtsein einer Serie entscheidet. Bei dem Piloten von *Formel Eins* geben die Bava-

›Formel Eins‹-Moderator Peter Illmann und Regisseur Michael Bentele (am Regie-Pult).

ria und der WDR grünes Licht. Mehr noch, auch die anderen Sender der ARD-Kette sind von *Formel Eins* angetan. Es dauert nicht lange, und die Musikserie ist bundesweit ein Begriff.

Ein Wurf war gelungen. Schuld daran war nicht zuletzt die Zusammensetzung des Teams. Jeder, vom Produzenten bis zur Sekretärin, ist musikbegeistert und hungrig auf eine Sendung, die sich alle erträumt hatten, aber bisher nie sehen konnten. Das Motto war: selbermachen.

Die Sehnsucht nach soundstarken Kultfilmen wie *American Graffiti* bestimmt das Konzept ebenso wie die Karriere des legendären Wolfman Jack. Klar ist: eine Menge Drive muß das Ganze haben und darf nicht zu fein für die Turnschuhgeneration sein. Show-Glamour und Glitzer sollen draußenbleiben, alles echt, alles frisch, alles Sache! Musik und Autos gehören seit Elvis' Zeiten und den Road-Movies von Wim Wenders einfach zusammen. Neue Protzmobile haben in der Ausstattung jedoch nichts zu suchen, darüber sind sich alle einig. Die *Formel Eins*-Leute halten es lieber mit den guten alten Stones, die einst in Jean-Luc Godards Rock-Power-Opus *One plus One* einfach die Kulisse eines Autofriedhofs wählten. Als echte Zeitgeister sind die Mitglieder des Teams ihrer Zeit voraus und entdecken als Kulisse das, was nach den großen Straßenschlachten aus den Fifties noch übrig ist: Schrott und eine Isetta aus Adenauers Zeiten. Lange hält, wie wir wissen, der Autozwerg nicht vor. Doch davon später.

Ein Name für die Sendung ist rasch gefunden. Zündend soll er sein und eine Menge Tempo vorlegen. »Wie wär's mit *Formel Eins*«, fragt der WDR-Unterhaltungschef Hannes Hoff, »paßt doch gut zu einer schnellen und aktuellen Sendung.« Ironie angesichts der Schrottkulisse? Egal, zumindest im Vorspann geht ja das Rennen nur so ab.

Die Teammitglieder, die heute noch die Schlüsselpositionen in der Produktion einnehmen, sind von Anfang an dabei. Produzent Andreas Thiesmeyer kann mit seiner neuen Aufgabe im Studio auf seine Erfahrungen in der Musikindustrie zurückgreifen. Regisseur Michael Bentele kommt frisch von der HFF, der Münchner Filmhochschule. Schon während der vierjährigen Studienzeit hat er nebenher Musikclips gedreht – und bereits in der Schule bei einer Münchner Nachwuchsband gespielt. Viele kennen ihn auch als Darsteller, er spielte in Rüdiger Nüchterns Jugendfilm *Anschi und Michael* die Hauptrolle. Mit seinem Regiekollegen Kai von Kotze, ebenfalls ein HFF-Absolvent, teilt er sich die Regie bei den jährlich 40 Sendungen.

Auch die Maskenbildnerin Daggi Grimm und der Chefkameramann Roland Willaert können im Frühjahr 1988 auf ihre 200. Sendung anstoßen.

Zum Start der Serie, Ende 1982, ist dem Team weniger zum Feiern zumute: Ein Moderator muß gefunden werden, der die Zuschauer mitreißt. Leichter gesagt als getan. Ein Casting wird angesetzt. Klassenarbeitsstimmung für die 15 Leute vor und das halbe Dutzend hinter der Kamera. Endlich Aufatmen, der Moderator ist gefunden: Peter Illmann ist der erste *Formel Eins*-Mann. Zuvor hat er übrigens schon beim Bayerischen Rundfunk im dritten Radioprogramm den Sound präsentiert.

Es kann also losgehen. Auf 13mal 45 Minuten wird die Serie 1983 konzipiert. Der Erfolg läßt schon im ersten Jahr *Formel Eins* auf 27 Folgen anwachsen.

Doch die Bavaria kriegt nicht nur positive Zuschauerpost. Oldtimer-Freaks leiden mit der armen Isetta, die zum Aus-

Moderatorin Stefanie Tücking mit Bundesgesundheitsministerin Rita Süssmuth als Gast im ›Formel Eins‹-Studio.

Boy George und Pia Zadora bei ›Formel Eins‹.

schlachtschweinderl erkoren wurde und nun brutal zerlegt
wird. Der Trennschleifer läßt Herzen bluten, obwohl es nur
um altes Blech geht (sorry). Denn was für Hollywood-
Stars die Oscars sind, das ist für die *Formel Eins*-Gewinner
auf Platz eins eine Blechrippe der Isetta. Stevie Wonder
darf eine Seitenscheibe mitnehmen, Pia Zadora und Jer-
maine Jackson (vom gleichnamigen Clan) sind heute
stolze Besitzer einer Isetta-Sitzbank.
Im Frühjahr 1985 ist die arme Isetta endgültig hinüber.
Jetzt muß etwas Edles her. Durch Zufall entdeckt die Re-
quisiteurin in einer zugemauerten Münchner Garage einen
wunderschönen alten Studebaker. Er trägt sogar noch
Nummernschilder aus den frühen Besatzungstagen und

hat 30 Jahre keinen Asphalt unter den Pneus gespürt. Dieses Prachtstück in Pink kann und will man freilich nicht zersägen. Schließlich ist es das Emblem der Sendung. Die Hitparadengewinner kriegen nun ein Modell des Studebaker. In Zukunft gibt es das *Formel Eins*-Maskottchen »Teasy« in Plüsch.

Über die Schrottplatzatmosphäre der Show mokiert sich kaum jemand. Im Gegenteil, Besitzer schrottreifer Autos lassen die Telefone in der Produktion heißlaufen und bieten ihre Kisten an. Wenn man schon selbst kein Star werden kann, wieso soll nicht der durchgerostete fahrbare Untersatz zu TV-Ruhm gelangen? Wer einen tollen Schlitten abstoßen will, kann es auch heute noch bei *Formel Eins* probieren.

Die Schrottautos geben eine durchaus inspirierende Kulisse ab. Sex-Machine-Sänger James Brown lehnt vor einem Studiobesuch kategorisch ab, auch nur eine Zeile zu singen. Als er schließlich in der Halle 10 steht, die Dekoration sieht und das Team kennenlernt, läßt er sich gleich zu zwei Songs hinreißen.

Mit der Isetta geht auch Peter Illmann. Zwei Jahre, da sind sich Macher und Moderatoren einig, genügen. Wer will schließlich über Jahre als der Typ von *Formel Eins* angeredet werden? Ingolf Lück hält leider nur ein Jahr durch. Er will lieber Comedies und Personality-Shows machen. Schade. Zumindest ist er 1987 für kurze Zeit auf der Leinwand zu bewundern, in Adolf Winkelmanns Film *Peng! Du bist tot!*

Ende 1987 sind erneut Castings angesetzt. Denn Stefanie Tücking, die Nachfolgerin von Ingolf Lück, im Jahr 1986 von dem Privatsender Musicbox zu *Formel Eins* gewechselt, hat sich ebenfalls schon verabschiedet.

Die Anforderungen an neue Bewerber werden von Jahr zu Jahr größer. Der Erfolg der Sendereihe verpflichtet. Aus 33 Bewerbern, hauptsächlich von Rundfunk und Privatfernsehen, bleiben zwei Kandidaten übrig. Schließlich schafft es Kai Böcking.

Dabei gilt das Prinzip, daß ein neues Gesicht zum Entdekken gefunden werden muß, das die Zuschauer überrascht. Was muß so ein Moderator mitbringen?

Als erstes natürlich Interesse für Pop- und Rockmusik, Know-how über die Szene und die Musikwelt, gutes Englisch, um Interviews führen zu können, und freilich keine Angst vor der Kamera. Persönlichkeit und eine gute Ausstrahlung gehören auch dazu. Schönheit ist eher Nebensache, Natürlichkeit ist gefragt. Wer dazu noch nicht älter als Ende 20 ist und Rundfunkerfahrung mitbringt, hat durchaus Chancen.

Bei Erscheinen des Buches ist übrigens die 3000. Moderation fällig.

Weit über 300 Bands und Interpreten sind bisher im Studio gewesen. Darunter Duran Duran, Stevie Wonder, Simple Minds, Die Toten Hosen, Divine, Joe Cocker, BAP, Modern Talking, Howard Carpendale, Herbie Hancock, Pia Zadora, Klaus Lage, Herbert Grönemeyer, Falco, Udo Lindenberg, Juliane Werding, Münchner Freiheit, Pet Shop Boys …

Hin und wieder schneit auch ein Gast ins Studio. Dem Titel der Sendung macht Niki Lauda alle Ehre, und Michael Douglas läßt es sich nicht nehmen, seinen Rockauftritt in *Auf der Jagd nach dem Juwel vom Nil* live zu präsentieren. Daß es Stephanie von Monaco zu Rock und Pop drängt, ist nicht weiter verwunderlich, aber auch Bundespräsident Richard von Weizsäcker will sich bei einer *Formel Eins*-Stippvisite über den Stand der Hits informieren.

Ausschlaggebend für das Konzept der Sendung ist die deutsche Hitparade, die einige Tage vor ihrer Veröffentlichung in den Fachzeitschriften schon den *Formel Eins*-Leuten durchgegeben wird. 75 Titel sind dort plaziert. In der Regel kommen wöchentlich bis zu acht Neuzugänge hinzu, die in der Sendung vorgestellt werden. Die Nummer eins wird – auch wenn sie sich Wochen hält – nur einmal präsentiert, um Nachrückern eine Chance zu geben. Natürlich werden auch die englischen und amerikanischen Charts genau beobachtet und aus diesen Clips ausgewählt. Soweit dann noch Zeit und Platz in den knappen 45 Minuten Sendezeit ist, kommen auch Tips der Redaktion zum Zug.

In der Regel rauschen zwölf Titel über den Bildschirm, wovon zwei bis drei Clips selbst produziert werden.

Eine *Formel Eins*-Produktion ist normalerweise in vier Tagen abgewickelt.

Am ersten Tag steht, wie schon anfangs beschrieben, eine Redaktionskonferenz. Die Teilnehmer sind der Produzent, der Regisseur, der Moderator, der Regieassistent und ein

›Formel Eins‹-Moderator Ingolf Lück mit Beifahrerin.

Koordinator, der dafür sorgt, daß Platten, Clips und Bands geordert werden und Informationsmaterial für die Moderation zur Verfügung steht.

Während der Konferenz werden neue Clips besichtigt, Platten angehört und die Moderation festgelegt. Auf dem Programm stehen auch Vorbereitungen für die übernächste Sendung. Man diskutiert, wie sich die Charts verändern könnten, welche Gruppen in der nächsten Woche eingeladen werden müssen, wie die Dekoration ausschauen soll. Welche Gruppe dann tatsächlich nach München geholt wird, entscheidet sich kurzfristig anhand der Charts. Ärger und Frust sind dabei nicht immer zu vermeiden. Bisher liegt die Trefferrate, zumindest was die Vorausdisposition der Dekoration und die Einladung der Band betrifft, bei rund 95 Prozent.

Am zweiten Tag wird produziert, das heißt aufgenommen. Stehen drei Gruppen zur Aufnahme an, wird noch ein halber Tag drangehängt.

Mit drei Kameras werden die Takes in die Regie überspielt. Hierbei muß der Regisseur blitzschnell entscheiden, welchen Ausschnitt er später zeigen möchte. Die Kameraleute stehen über Kopfhörer mit eingebauten Mikrofonen in ständigem Kontakt mit dem Regieraum und bekommen von dort ihre Befehle, welche Positionen sie einnehmen sollen und welche Kameramanöver gewünscht werden.

Am dritten und vierten Tag wird das aufgenommene Material elektronisch geschnitten. Dabei müssen die Live-Aufnahmen im Studio bearbeitet und die Anmoderationen mit den Clips kombiniert werden, natürlich unter Einsatz des gesamten Repertoires der Videotricks. Kein leichter Job für den Bildtechniker, denn die *Formel Eins*-Fans sind ein verwöhntes Publikum.

Der härteste Zensor während der Arbeit ist die Uhr: Länger als 45 Minuten, und wenn das Material auch noch so toll ist, darf keine Sendung werden. Überziehen, wie bei Hans-Joachim Kulenkampff und Co. ist nicht.

Das *Formel Eins*-Maskottchen Teasy kriegt in Zukunft übrigens noch mehr zu tun, denn nach fünf Jahren wird *Formel Eins* neu aufgemöbelt. Die Grafikerin Twyla Weixl, von der auch der Schriftzug der Sendung stammt, und Trickfilmzeichner Ken Dowsing steuern nun regelmäßig Cartoons bei. Auch die Redaktion legt sich noch stärker ins Zeug und will in eigenen Beiträgen zeigen, wie es hinter den Kulissen der Musikwelt ausschaut und wie die Popstars in ihren eigenen vier Wänden leben.

Zum Schluß noch eine neugierige Frage, was das Ganze denn nun kostet. Die bescheidene Antwort: »Wenige Pfennige pro Zuschauer.« Konkret: knapp über 100.000 Mark je Sendung.

Die Technik

Ohne Technik kein Film. Auf diese einfache Formel läßt sich die Bedeutung der Filmtechnik bringen.

Kino ist schließlich »nur« optisch, mechanisch und chemisch erzeugte Illusion. Heute spielen freilich auch die Elektronik und die Computertechnik eine wichtige Rolle im Prozeß von Herstellung, Bearbeitung, Projektion und Ausstrahlung. Tüftler und Erfinder, wie etwa Thomas Alpha Edison, haben die Bilder das Laufen gelehrt. Die Filmkünstler waren es, die später den Technikern und Trickspezialisten immer wieder neue Aufgaben gestellt haben und somit für eine Wechselwirkung zwischen Kunst und Technik sorgten. Mit dem Malteserkreuz wurde ein ruhiger Bildstand geschaffen. Ton, Farbe, Cinemascope und Raumtonverfahren ließen das Kino in völlig neue Dimensionen vorstoßen. Mit hochauflösenden elektronischen Kameras werden in absehbarer Zukunft auch die Kinotricks per Knopfdruck abrufbar sein. Die Computergrafik, mit der per Großrechner das Emblem der Tagesschau drei Dimensionen bekommt, ist heute längst in die Bavaria eingezogen.

Schaut man heute rund 70 Jahre auf die Anfänge des Studios zurück, als mit dem Bau des ersten Glasateliers begonnen wurde, wird die technische Revolution in der Produktions- und Aufnahmetechnik erst richtig deutlich.

1919, als es noch keine Beleuchtungstechnik gab, war ein Glasatelier eine technische Innovation, die Studiodrehs erlaubte. Um bei Schneefall im Winter Lichtverlust zu vermeiden, leitete man gar warmes Wasser durch ein ausgeklügeltes Röhrensystem, das den Schnee auf dem Dach zum Schmelzen brachte. So verlor man keine teuren Drehtage. Nicht nur neue künstlerische Aufgabenstellungen, sondern auch materielle Zwänge sorgten in der Film- und Studiotechnik für immer neue Entwicklungen. Natürlich wollte man sich so rasch wie möglich vom – besonders in mitteleuropäischen Breiten – raren Tageslicht unabhängig machen. Mit den ersten Kohle-Bogenlampen-Scheinwerfern Anfang der zwanziger Jahre war man nicht mehr allein dem Lauf der Sonne unterworfen. Anfänglich wurden die klobigen Ungetüme eingesetzt, um das Sonnenlicht zu unterstützen, später waren die Kohlescheinwerfer die einzigen Lichtquellen. Das Glasatelier hatte seine Schuldigkeit getan. Mit dem künstlichen Licht und den geschlossenen Hallen war der Film autark geworden. Zu jeder Zeit konnte man nun die ganze Welt ins Atelier holen. Kreative und phantasiebegabte Filmarchitekten und Ausstatter machten es möglich: Das exotische Indien gefällig? In 80 Tagen um die Welt? Ein Flug durchs Universum? Man mußte sich dafür keinen Meter aus dem Atelier wegbewegen. Auch für Außenaufnahmen wurden bald Scheinwerfer entwickelt. Erneut hatte die Filmtechnik der Sonne ein Schnippchen geschlagen.

Die Kohlescheinwerfer brachten allerdings einige unangenehme Nebeneffekte mit sich: Sie erzeugten eine starke Hitze und schädliche Abbrandgase. Nach der Einführung des Tonfilms Ende der zwanziger Jahre sorgten die Kohlescheinwerfer für erneutes Kopfzerbrechen: Ihre Technik verursachte störende Nebengeräusche. Dennoch mußten die Studios bis Mitte der fünfziger Jahre mit dieser immer weiter entwickelten Lichttechnik leben. Inzwischen arbeitet man mit den »humaneren« Glühlichtscheinwerfern und Gasentladungslampen, die es in allen Stärken gibt, bis zu 10 000 Watt (eine normale Haushaltsglühbirne hat zwischen 60 und 100 Watt). In der neuen Lampenhalle der Bavaria stehen 1000 Scheinwerfer mit einer Gesamtleistung von 3 500 000 Watt zur Verfügung.

Bei der Studioarbeit hängen die Scheinwerfer in der Regel an Beleuchterbrücken, die unter dem Studiodach angebracht sind. Der Kameramann und die Beleuchter können heute auf ein ganzes Arsenal von Scheinwerfern zurückgreifen, um ein optimales Licht zu setzen. Für Studios mit Standarddekoration (meist für TV-Sendungen) führte die Bavaria schon in den sechziger Jahren eine drahtlose Fernsteuerung der Scheinwerfer ein.

Mit der Veränderung der Lichtquellen hat sich freilich auch das Aufnahmematerial verändert. Rohfilm wurde speziell für Kunstlicht entwickelt. Zu Beginn der vierziger Jahre konnte Agfa auch das erste deutsche Farbmaterial liefern, mit dem die UFA *Münchhausen* drehte.

In der Produktionsgeschichte der Bavaria spielte der Farbfilm allerdings erst in den fünfziger Jahren eine Rolle, als er zur Marktreife entwickelt worden war. Bis heute werden Kinofilme in der Regel auf 35 mm breitem Negativmaterial gedreht. Bis zur Einführung des Tonfilms variierten die Aufnahme- und Wiedergabegeschwindigkeiten, ab dann hat sich der Standard von 24 Bildern pro Sekunde durchgesetzt. Zur Vermeidung von Flimmereffekten wird bei der Projektion jedes Bild zweimal gezeigt. Mit einer Zweiflügelblende wird der Lichtfluß des Projektors unterbrochen, so daß 48 Lichtimpulse entstehen. Den schrittweisen Filmtransport erreicht man im Projektor mit einer Transportrolle, die ein Malteserkreuz antreibt. Im Gegensatz zum Kinofilm verwendet das Fernsehen eine Bildfrequenz von 25 Bildern pro Sekunde. Für Fernsehspiele und -filme benutzt man seit den siebziger Jahren auch mehr und mehr den 16mm-Film, der seit 1930 hauptsächlich von Filmamateuren verwendet wurde. Der 16mm-Film bietet zwar Kostenvorteile, hat aber nur 20 Prozent der Schärfeleistung des 35mm-Films. Für die technischen Ansprüche des Fernsehens genügt er in der Regel und bietet gute Arbeitsbedingungen durch das leichtere Aufnahme-Equipment.

Rund um die Kamera hat sich im Studio im Lauf der Jahre natürlich auch eine Menge verändert. Der hölzerne Kasten mit der Kurbel, der einst auf einem festen Stativ stand und unbeweglich die Aktion aufnahm, ist einem technisch hochkomplizierten, mit Elektronik gespickten Kamerage-

Kameramann Dietrich Lohmann auf dem Kamerakran (am Sucher) bei den Dreharbeiten zu ›Väter und Söhne‹. Der Kran wird über Schienen bewegt. In der Bildmitte Regisseur Bernhard Sinkel.

häuse gewichen, das frei beweglich ist und sich mit zahlreichen Optiken den Szenen nähern oder sie gar heranzoomen kann. Brauchte früher der Kameramann eine absolut ruhige Hand, gibt es heute Präzisionsschwenkköpfe, die ruckfreies Arbeiten erlauben. Kamerawagen, die auf Schienen laufen (Dolly genannt), lassen Fahraufnahmen zu. Mit dem Kran kann die Kamera in die Luft gehen und ungewöhnliche und verblüffende Positionen einnehmen.

Als 1937 die erste kompakte Spiegelreflexkamera von ARRI entwickelt worden war, konnte man endlich die Kamera in die Hand nehmen. Seit Ende der siebziger Jahre gestattet das Stabilisierungssystem »Steadycam« dem Kameramann die freie Beweglichkeit mit der Handkamera, ohne daß die Bilder verwackelt werden. Für die Kamerajagden durch die nur 1,10 Meter hohen Kugelschotts im Innenboot hat der Kameramann Jost Vacano eigens ein Stabilisierungssystem für die Handkamera entwickelt.

Die radikalste Veränderung für die Studios und die Kameratechnik brachte Ende der zwanziger Jahre die Einführung des Tonfilms mit sich. Alles, was beim Drehen Geräusche verursachte, mußte aus dem Studio entfernt werden. Selbst das Laufgeräusch der Kameras war hinderlich. Nicht nur die Studios mußten schalldicht umgerüstet werden (undenkbar, einen Tonfilm in einem Glasatelier zu drehen), auch die Kameras mußten sich in großen, schallsicheren Bedienungskabinen verstecken, bis die ersten Blimps (Schallschutzgehäuse) entwickelt waren.

Erst 1959 stellte ARRI eine halbwegs bewegliche »tonsichere« Kamera vor, die ARRI 35 BL, die auch in der Bavaria eingesetzt wurde. Sie war zwar immer noch ein Koloß im Vergleich zu den heutigen Kameras, aber ein gewaltiger Fortschritt in der Studioarbeit, die Ende der vierziger Jahre durch eine weitere wichtige technische Erfindung vereinfacht wurde: das Magnettonband.

Als 1953 das Cinemascope-Verfahren eingeführt wurde, sollte natürlich der Ton dem breiten Bild in nichts nachstehen: Der Raumton wurde entwickelt. Bereits 1954 wurde mit dem Lilo Pulver-Film *Feuerwerk* die Vier-Kanal-Tontechnik der Bavaria eingeweiht. Später kam dann auch die Sechs-Kanal-Technik hinzu.

Seit der Produktion von *Das Boot* (1980/81) verfügt die Bavaria über eine computergesteuerte 36-Kanal-Tontechnik mit Dolby-Möglichkeiten. Damit können alle Raumeffekte erzeugt werden, die heute mit Acht-Kanal-Dolby-Kinoanlagen abspielbar sind.

Neue elektronische Videokameras und hochauflösende Magnetbänder haben im Fernsehbereich für deutliche Qualitätssteigerungen gesorgt. Dennoch ist heute der 35mm-Film in seiner Auflösung dem geplanten »HDTV« (Hochzeilenfernsehen) trotz dessen doppelt so hoher Zeilenzahl noch überlegen. Für die große Leinwand ist also weiterhin der 35mm-Film notwendig.

Regisseur George Moorse, Cutter Jean-Claude Piroué und Editor Wolfgang Grossert im Bavaria-Videostudio bei der Nachbearbeitung der Videos für das BMW-Museum.

Der tv-mobil-Ü-Wagen (innen) im Live-Einsatz.

Unterlegen ist der Film allerdings beim Schnitt und bei der Bearbeitung. Mehrere Kopierwerksprozesse sind notwendig, bis eine fertige Kopie vorliegt. Die Videotechnik kann quasi live gesendet werden, ein MAZ-Techniker und -Cutter können in kürzester Zeit Beiträge sendefertig gestalten, mit einem Generator Titelschriften eingeben und je nach Leistung des Equipments jede Menge Tricks fahren.

Die Trickmöglichkeiten, die im Bavaria Videostudio in Sekundenschnelle abrufbar sind, können beim Film nur über teure und langwierige Prozesse hergestellt werden.

Inzwischen ist die Videotechnik auch in die Filmsynchronisation eingezogen. Bisher zerlegten die Cutter die Filmkopie in Hunderte von Schleifen, die vom Vorführer mühsam und zeitraubend in den Projektor eingelegt werden mußten. Nun kann in Sekundenschnelle per Computerprogramm jeder einzelne Take für die Synchronsprecher abgerufen werden.

Die Tricks

Mit der Verbesserung der Auflösung der Videotechnik können mehr und mehr Tricks und Effekte im neuen Videozentrum hergestellt werden. Bereits für die Produktion von *Enemy Mine* wurden zahlreiche dreidimensionale Grafiken per Computer entworfen und animiert und später wieder auf Film übertragen. Hochleistungsrechner bauen in Sekunden Bilder auf und bewegen sie nach Wunsch. Wo früher Phasenzeichner Wochen brauchten, um die einzelnen Bewegungsabläufe herzustellen und am Tricktisch zu verfilmen, benötigen die programmgesteuerten Rechner oft nur Minuten.

Der Blue-Box-Trick im Fernsehen ist heute so bekannt wie die Tagesschau. Die Flächen, die auf dem Bild blau sind, werden quasi ausgestanzt. Mit einer separaten Kamera werden diese ausgestanzten Flächen auf dem Bildschirm mit einem zweiten Bild gefüllt. Das geschieht per Knopfdruck und Programm – mehrmals während einer Sendung. Beim Film ist diese Illusion zwar auch zu erzeugen, doch der Weg zum Ergebnis ist wesentlich schwieriger und zeitraubender. Hinzu kommt, daß von den Kinotricks eine viel

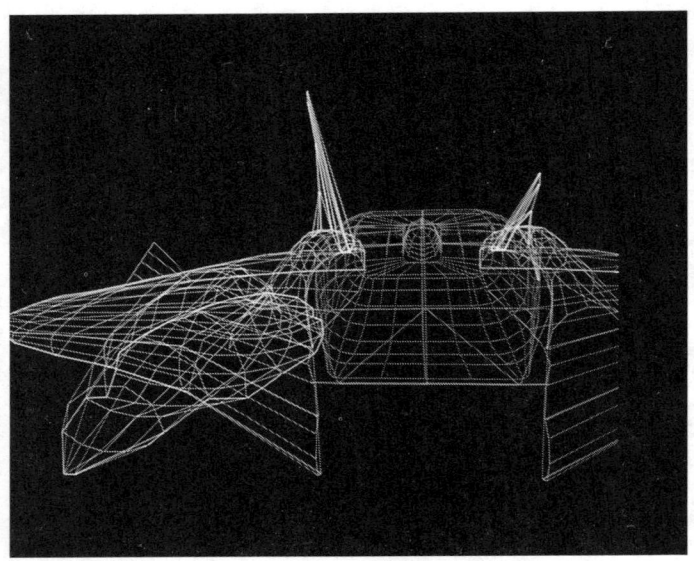

Computer-Animation von Bavaria-Video für ›Enemy Mine‹.

perfektere Qualität verlangt wird, da jede Ungenauigkeit auf der großen Leinwand sofort zu erkennen wäre.

Das Blue-Screen-Verfahren hat sich aus der Rückprojektion entwickelt, dem alten Trickverfahren, bei dem durch eine durchsichtige Leinwand ein Hintergrund projiziert wird. Beliebt war dieses Verfahren in den sechziger Jahren, zum Beispiel bei den Edgar Wallace-Filmen. Ein Wagen stand im Studio und wurde zwecks Action kräftig gerüttelt, während im Rückfenster Londoner Doppeldeckerbusse über die Rückpro-Leinwand huschten. Der Rückpro-Film, zuvor von einem kleinen Team on location aufgenommen, wurde im Studio von einem Hochleistungsprojektor auf die transparente Leinwand geworfen, vor der der Wagen stand.

Johannes Webers, Kopierwerksleiter und Technikspezialist der Bavaria, wünschte sich ebenso wie Theo Nischwitz, der heute als Vater der Bavaria-Tricktechnik gilt, ein einfacheres und zugleich effektiveres System. »Wieso«, fragten sie sich, »kann man nicht die transparente Leinwand durch eine stark reflektierende Wand ersetzen und den Schauspieler vor diesem Bild agieren lassen?«

Seit 1964 arbeitet die Bavaria mit der Aufprojektion. Der Projektor wird hierbei über ein Spiegelsystem mit der Aufnahmekamera auf eine gemeinsame optische Achse ausgerichtet. Diese Technik ermöglicht es, Vorder- und Hintergrund zu kombinieren.

Hans Jürgen Syberbergs *Ludwig*-Film entstand zu einem großen Teil mit dieser Methode. Das Interieur von Neuschwanstein wurde per Dias projiziert und mit einer sparsamen Ausstattung kombiniert.

Aus der Aufprojektion wurde bei der Bavaria das Dual-Screen-Verfahren entwickelt, das es erlaubt, mit bewegten Hintergrundbildern und Kameraschwenks zu arbeiten. Ohne dieses weiterentwickelte Verfahren wären viele dra-

Trickaufnahme für die TV-Serie ›Die phantastischen Abenteuer des Raumschiffes Orion‹.

matische Aufnahmen für *Das Boot* und später für *Die unendliche Geschichte* gar nicht möglich gewesen.

Per Aufprojektionsverfahren wurden die Sturmszenen mit dem Bootsturm aufgenommen. Wenn der Turm auf der Leinwand immer wieder in Wellentälern versinkt, bewegt sich im Studio die Kamera im Rhythmus der Wellen. Um den Eindruck noch plastischer zu machen, wurden nicht nur stürmische Seeszenen auf die Aufpro-Wand hinter dem Turm projiziert, sondern zusätzlich mit wassergefüllten Loren Brecher vom Hallendach auf Turm und Darsteller losgelassen. Also Filmbilder mit realer Vordergrund-Action kombiniert, um das Leinwandinferno noch glaubwürdiger zu gestalten. Für die zahlreichen Trick- und Flugaufnahmen der *Unendlichen Geschichte* wurden gleich drei neue Blue-Screen-Systeme installiert, darunter die größte Blue-Screen der Welt, mit 30 Meter Breite und zehn Meter Höhe.

Das Beispiel aus der *Boot*-Produktion macht deutlich, daß beim Film Tricks in der Regel Teamarbeit sind. Liegt der Schwerpunkt auf den optischen Tricks, sind natürlich das Kopierwerk, der Tricktechniker und der Kameramann am Tricktisch besonders gefordert.

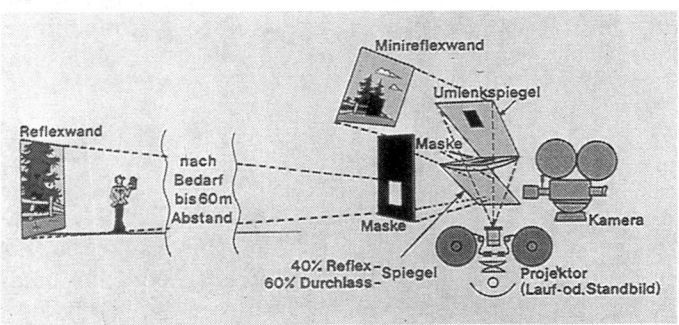

Das Dualscreen-Verfahren ist eine Aufprojektion mit mindestens zwei Reflexwänden, das Schauspielern erlaubt, innerhalb projizierter Dekorationen zu agieren.

Special-Effect-Mann Karl Baumgartner war einer der ersten technischen Mitarbeiter in der Bavaria nach dem Krieg. Heute ist er international unter dem Namen Charlie Bum Bum bekannt.

Zu den einfachsten optischen Tricks gehört die Titelgestaltung. Komplizierter wird es, wenn einzelne Aufnahmen übereinander kopiert oder kombiniert werden sollen. Inzwischen ist hier aber auch schon die Computertechnik eingezogen, die diese Operationen steuert und für Präzision sorgt, damit sich auch tatsächlich die Kinoillusion einstellt. Für Tricks sind aber auch die Maskenbildner, die Ausstatter und die Special-Effects-Leute zuständig, die natürlich auch für die optischen Tricks zuarbeiten müssen. Zu ihren kleineren Übungen gehören die pyrotechnischen Tricks, etwa wenn einem Opfer eine blutende Schußwunde beigebracht werden muß. Genau dosierte Minisprengkapseln reißen auf Knopfdruck ein Loch ins Hemd und zerstören eine Farbkapsel.

Bau der Innendekoration für ›Fedora‹.

Die Zeiten sind längst vorbei, da man in Hollywood mit
echten Gewehren auf Autos schoß. Heute muß der Pyrotechniker »Schußwunden« elektronisch zünden.
Zu den handwerklichen Tricks zählen auch präparierte
Masken, etwa das Reptilienkostüm von Louis Gossett jr.
aus *Enemy Mine*.
Auch der Filmarchitekt wird oft zum Trickkünstler, etwa
wenn er bei *Väter und Söhne* das Miniaturmodell des I. G.-
Farben-Hauses perspektivisch so geschickt in die Szene
plaziert, daß der Bluff niemandem auffällt.
Die Kunstmaler haben viel zu tun, wenn im Studio oder
auf dem Freigelände eine Perspektive der Weite verlangt

wird oder im Hafen mehrere Galeeren liegen sollen, obwohl es nur ein Modell gibt. Wie bei Billy Wilders *Eins, zwei, drei* wird dann einfach der Flughafen Tempelhof perspektivisch auf einen Wandprospekt gemalt und in die Ausstattung integriert. Trickzeichner sorgen wiederum dafür, daß später im Kopierwerk Realaufnahmen mit gezeichneten Hintergründen vereint werden können.

Elektronik und neue Materialien erlauben heute den Bau und den Einsatz von Fabelwesen mit »lebendigem« Innenleben, wie dies vor wenigen Jahren noch nicht möglich war. *Die unendliche Geschichte* ist eines der besten Beispiele für das Zusammenwirken verschiedener Tricktechniken. Das Fantasy-Reich erforderte die Ausstattung mit Modellbauten und gemalten Hintergründen. Märchengestalten mußten zum Leben erweckt und in die richtige Perspektive gerückt werden. Special-Effect- und Stunt-Leute waren ebenso gefordert wie die Kameracrew, die Trickleute und

Video-Takes werden im Video-Zentrum nachbearbeitet.

die Kopierwerksspezialisten. Die Maske mußte wahre Wunderwerke vollbringen, man denke nur an Tilo Prückners wunderbares Gesicht als Nachtalb. Selbst die Tonleute und Geräuschemacher kamen an den Tricks nicht vorbei. Sie mußten sie akustisch unterstützen und oft genug mit besonderen räumlichen Effekten aufmotzen, wie etwa den polternden Auftritt des Steinbeißers.

Es würde den Rahmen sprengen, wollte man sämtliche gängigen und unkonventionellen Tricks darstellen. Tricks können auf geniale, einfache und aufwendige Weise geschaffen werden. Erlaubt ist alles – wenn die Tricks hinhauen. Hinter manchen – wie der Entwicklung der Blue-Screen-Technik – steckt die Arbeit von Jahrzehnten, andere entstehen aus dem Augenblick heraus. Dem Zuschauer ist es egal, ob tatsächlich ein Eisenbahnzug in die Luft fliegt oder ein Modell. Nur darf das Modell, wenn es zerbirst, nicht als solches zu erkennen sein, sonst fühlt er sich betrogen. Peinlich ist es freilich auch, wenn die Drähte, an denen ein Flugobjekt bewegt wird, später auf der Leinwand sichtbar sind. Die Illusion ist damit gestört.

Hinter all der Technik und den Tricks stehen Menschen, die ihre Arbeit lieben, die Herausforderungen suchen und für die – wie im Kino – nichts unmöglich scheint. Die große Illusion, die sie erzeugen, läßt sich aber ohne Erfahrung, Geschick, Phantasie und Ausdauer nicht herstellen.

Auch Bogarts *Casablanca* lag im kalifornischen Burbank, aber wen interessiert das schon, wenn sich im Kino der Vorhang öffnet und eine Reise ins Reich der Phantasie lockt?

Die Bavaria-Filmtour

Generationen von Filmbegeisterten hatten vor 1981 keine Möglichkeit, »zum Film zu kommen«. Inzwischen kostet der Trip zum Film nicht mehr als ein Kinobesuch. Die Rede ist von der Bavaria-Filmtour, der einzigen ständigen Einrichtung in Europa, die einen Blick hinter die Kulissen der Traumfabrik erlaubt und Kino zum Anfassen bietet.
Wie beliebt die Studio-Tour durch die Bavaria-Filmstadt in Geiselgasteig ist, zeigen die Besucherzahlen. Allein 1987 reisten über 600 000 Besucher mit dem Filmtour-Expreß in die Wunderwelt der *Unendlichen Geschichte,* wanderten

Das Tor zum Ruhm – der Eingang zur Bavaria-Filmtour.

durch die schier endlosen Raumkorridore von *Enemy Mine* und stießen mit dem *Boot* in die Tiefen der Meere hinab.

Angefangen hatte alles bescheiden, eher aus Zufall.

1981, zu Beginn der Filmtour, gab es nicht viel mehr als eine Idee und die Kulissen von *Das Boot*.

Die beiden Bavaria-Mitarbeiter Michael Röhrig und Arthur Hofer, beides Filmnarren, fanden es schade, daß die Dekoration von *Das Boot* den Weg alles Irdischen gehen sollte: Verschrottung oder Einlagerung.

Wieso, so fragten sich die beiden, öffnet das größte Studio Europas nicht seine Pforten für filmbegeisterte Besucher, wie es die Universal-Studios in Hollywood längst mit Erfolg praktizieren? Daß sich an der Isar keine Filmrevolver-

Das Filmtourbähnchen auf dem Studiogelände.

Hoher Besuch bei der Filmtour: Bundespräsident Richard von Weizsäcker und Regisseur Wolfgang Petersen mit dem Glücksdrachen Fuchur.

helden Showdowns und Stunts in Western-Manier liefern würden, war klar.

Dafür hatte die Bavaria aber immerhin ein komplettes U-Boot zu bieten (das sich Hollywood später für die Dreharbeiten von Spielbergs *Jäger des verlorenen Schatzes* ausborgen mußte). Statt einer Westernstadt gab es die »Berliner Straße«, auf deren Pflaster sich zahlreiche internationale Stars ein Stelldichein gegeben hatten. Dazu kamen noch die Dekorationen in den einzelnen Studiohallen, die besichtigt werden konnten, wenn gerade nicht gedreht wurde.

Wieso also nicht Kino live?

Am 1. August 1981 war es dann soweit. Mit einem weiß-

Muskelmann Arnold Schwarzenegger zieht gegen den Steinbeißer den kürzeren.

blauen Bähnchen, schließlich ist man in Bayern, beginnt für die ersten Besucher der Trip hinter die Kulissen.

Ursprünglich hatte man bei der Bavaria mit 350 Besuchern pro Tag gerechnet. Bereits in der ersten Saison waren es täglich über 1000 Besucher im Durchschnitt. 1984 waren es 400000, 1987 über 600000. Gab es zu Anfang noch skeptische Blicke bei den Bavaria-Mitarbeitern, als die ersten Studiofans gesichtet wurden, gehören sie heute schon zum Alltag.

Der Zuwachs kam nicht von ungefähr. Der Erfolg von *Das Boot* sorgte für erste Popularität, die durch die Produktion der *Unendlichen Geschichte* noch gesteigert wurde.

Millionen hatten auch im Fernsehen die Serie *Rote Erde* gesehen, deren »echte Kulissenstadt« in der Bavaria errichtet worden war. 1985 kamen dann noch die Bauten aus dem Science-fiction-Epos *Enemy Mine* hinzu.

Die Führung ist also auch ein Trip durch Wolfgang Petersens bekannteste Filme und natürlich auch ein Beleg für die brillante Filmarchitektur der Bavaria-Ausstattung. In-

Ein Ritt auf Fuchur ins Land Phantasien gefällig? Die Videotechnik und die Filmtour machen es möglich.

zwischen ist die Filmtour ein Entertainment-Paradies mit zahlreichen Sonderveranstaltungen, Stunt- und Special-Effect-Shows, Ferienfestivals, Flohmärkten, Autogrammstunden und Kinderfesten. Regelmäßig gibt es ausrangierte Parkas von Schimanski zu ersteigern und vieles andere aus dem Kostüm- und Möbelfundus.

Die Filmtour wird vom 1. März bis Ende Oktober veranstaltet, Öffnungszeiten sind täglich von 9 bis 16 Uhr.

Die Klappe

Fachbegriffe

Action! Kommando des Regisseurs an die Schauspieler, nachdem Kamera und Ton laufen. Viele Regisseure bevorzugen allerdings das freundlichere »Bitte«.

Akt Die Bezeichnung kommt vom Theater und bezeichnet beim Film eine Rolle der Filmkopie, die etwa 600 Meter lang ist und circa 20 Minuten Laufzeit hat. Die komplette Kopie eines Spielfilms hat in der Regel vier bis sechs Akte.

Amerikanische Die amerikanische Einstellung zeigt die Personen vom Scheitel bis zum Knie (damit man beim Western noch den Pistolengürtel sah). Ihr Vorteil ist, daß sie beim Schnitt ideal zu montieren ist.

Amerikanische Nacht Durch Filter bzw. Unterbelichtung werden bei Tageslicht Nachtaufnahmen gedreht (François Truffauts Film über das Filmemachen trägt diesen Titel).

Animations-/Trickfilm Per Einzelbildaufnahme werden Gegenstände, Puppen und gezeichnete Einzelbilder lebendig. Durch schnelle Großrechner wurde die **Computer-Animation** ermöglicht, mit der auch räumliche Effekte erzielt werden können.

Anschluß/Anschlußfehler Beim Drehen muß peinlich genau darauf geachtet werden, daß die Anschlüsse stimmen, also der Schauspieler nicht plötzlich den Scheitel links trägt oder die Ausstattung sich innerhalb einer Szene abrupt ändert. Besonders bei Aufnahmen, die Tage oder Wochen auseinander liegen, muß durch genaue Buchführung (durch Continuity/Skript) und mit Hilfe von Polaroidfotos die Gefahr von Anschlußfehlern gebannt werden.

Bergfest Teamfeier bei Halbzeit der Dreharbeiten.

Blimp Schallschutzgehäuse für die Kamera, damit die Tonaufnahmen nicht durch Laufgeräusche der Kamera gestört werden.

Blockbuster Branchen-Slang (aus den USA) für einen Film, der wie eine Bombe einschlägt, also kräftig Kasse macht. Das ungeliebte Gegenteil vom Blockbuster ist der **Flop,** ein Film, den keiner im Kino sehen will.

Bobby (wahrscheinlich vom englischen »bobbin«) Mit Stecklöchern versehener Kern einer Filmrolle, der es erlaubt, den

Film am Schneidetisch zu bearbeiten oder für die Projektion vorzubereiten.

Casting Bedeutet auf Neudeutsch soviel wie die Durchführung der Besetzung. Unter dem Begriff **Cast** werden in den **Credits** (Stab-/Besetzungsliste und Produktionsdaten im Vor- oder Nachspann) die Darsteller aufgeführt.

Cut! Anweisung, mit der ein Regisseur eine Aufnahme beendet. Statt Cut ist auch das deutsche Wort **Danke!** gebräuchlich. Braucht eine Aufnahme nicht mehr wiederholt zu werden, ist sie **gestorben.**

Cutter/in (englisch »editor«) Der anglisierte Begriff für das antiquierte Wort Schnittmeister.

Dolly Kamerawagen mit Gummireifen.

Double Ersetzt den Darsteller beim zeitraubenden Ausleuchten (Lichtdouble), aber auch in Gefahrensituationen (Stunts) und bei Nacktszenen.

Establishing Shot Aufnahme, mit der eine Orientierung über Raum, Zeit und Situation herbeigeführt werden soll. Mit einem Establishing Shot läßt sich auch Geld sparen: so erspart ein Kameraschuß auf den Big Ben die teure Reise eines großen Teams nach London. Auch wenn die Anschlußszene ganz woanders gedreht wird, entsteht der Eindruck, als sei der Ort der Handlung London.

Exposé Grober Entwurf einer Filmidee.

Film- und Bildformate Kinostandard ist das 35mm-Format (Breite). Daneben gibt es noch das aufwendige und optisch viel brillantere 65- bzw. 70mm-Format, das allerdings nur wenige Kinos in Deutschland projizieren können. Für Fernseh- und Dokumentarfilme wird in der Regel das preiswertere 16mm-Format benutzt (inzwischen gibt es auch ein verbessertes Super-16-Format).

Es gibt vier gebäuchliche Bildformate: Das Normalformat 1:1,33 (Breite zur Höhe), das europäische und das amerikanische Breitwandformat 1:1,66 und 1:1,85 sowie das Cinemascope- und Panavision-Verfahren von 1:2 bis 1:2,55. Beim Breitwandverfahren werden der obere und der untere Bildteil ausgespart, was zu Qualitätsverlusten in der Auflösung führen kann. Das Cinemascope-Verfahren verzerrt das Bild bei der Aufnahme in die Länge und entzerrt es bei der Projektion. Die klassische **Bildfrequenz** für Tonfilme sind 24 Bilder pro Sekunde. Bedingt durch die technischen Erfordernisse des

Fernsehens werden heute die meisten Filme mit 25 Bildern pro Sekunde aufgenommen.

Filmmetropole Stadt oder Gebiet, in dem sich die Filmindustrie schwerpunktmäßig angesiedelt hat. International gilt Hollywood als *die* Filmmetropole. In der Bundesrepublik spielt diese Rolle heute München.

FSK Die freiwillige Selbstkontrolle der Filmwirtschaft entscheidet im Rahmen der bestehenden Gesetze über Alters- und Feiertagsfreigabe.

Galgen Stange, mit der der Tonmann das Mikrofon über die Köpfe der Schauspieler führen kann. Auch Gestell, an dem der Cutter die Filmstreifen befestigt.

Kassette Wechselmagazin mit Ersatzfilm (bei 35 mm bis 300 Meter, was etwa zehn Minuten Laufzeit entspricht).

Klappe Die Klappe wird zu Beginn (manchmal auch zum Ende) einer Szene geschlagen, um die einzelnen Aufnahmen zu markieren und Bild und Ton am Schneidetisch synchron anlegen zu können. Neben der mechanischen Klappe setzt sich auch mehr und mehr die elektronische Klappe durch, die es erlaubt, per Timecodes den Film zu schneiden.

Komparse Kleindarsteller meist stummer Nebenrollen, oft bei Massenszenen eingesetzt.

Kopie Positivfassung vom bearbeiteten Negativ für den Kinoeinsatz oder die Fernsehausstrahlung.

Kopierer Nach der Aufnahme einer Szene entscheiden Regisseur und Kameramann, welche der Aufnahmen für die weitere Bearbeitung kopiert wird. Das gesamte Negativ wird zwar entwickelt, doch anhand der Aufzeichnungen der Continuity kopiert das Kopierwerk nur die gewünschten (d. h. gelungenen) Szenen, um das Budget zu schonen.

Kopierwerk Im Kopierwerk wird das Negativ technisch und chemisch bearbeitet. Hier werden sämtliche Arbeitsgänge durchgeführt, von der Filmentwicklung bis zur fertigen, mit einer Tonspur versehenen Kinokopie. Das Kopierwerk sorgt auch dafür, daß das frischgedrehte Material am nächsten Tag begutachtet werden kann (siehe Muster). Die meisten großen Kopierwerke besitzen Schneideräume, Tonstudios und Vorführräume und bieten – wie das Bavaria-Kopierwerk – einen umfassenden Service.

Kran Kranartiger Kamerawagen für Spezialaufnahmen.

Lichtton Die optische Tonspur am Rand der Kopie. Sie wird bei der Projektion per Tonlampe in Töne umgesetzt. Daneben gibt es den **Magnetton,** der vorwiegend bei der Produktion und im Studio verwendet wird.

Lizenz Ein Filmverleiher, der von einem Produzenten die Lizenz eines Filmes erwirbt, darf den Film in einem zeitlich und räumlich begrenzten Rahmen auswerten. Nach Ablauf der Lizenzzeit fallen die Rechte an den Produzenten zurück. Den Begriff der Lizenz gibt es auch im Bereich des Urheberrechts, etwa bei Verfilmungsrechten von Romanen, und bei der Nutzung von filmtechnischen Apparaten und Methoden (Nutzung der frühen Tonfilmapparaturen, heute Nutzung der Dolby-Tontechnik).

Magnetfilm 16, 17,5 oder 35 mm breites perforiertes Tonband zur Tonbearbeitung des Films am Schneidetisch und in der Mischung, auch **Cordband** genannt. Beim Drehen wird der Ton auf ein 6 mm breites, handelsübliches Tonband, genannt **Schnürsenkel,** aufgenommen und später auf den Magnetfilm überspielt.

Mischung Bei der Mischung werden die einzelnen Tonbänder (Sprache, Geräusche, Musik etc.) einander angeglichen und auf ein Band übertragen, das die Grundlage für die Tonspur der Kino- oder Sendekopie bildet.

Muster In der Regel sichten Regisseur, Kameramann, Cutter und Produzent täglich das gedrehte Material vom Vortag und wählen die Aufnahmen aus, die für den Rohschnitt verwendet werden sollen.

Nachsynchronisation Viele Kinofilme werden mit Primärton gedreht, d. h., dieser Ton dient nur zur Orientierung und wird in der Regel nicht verwendet. In akustisch schwierigen Räumen oder wenn deutsche Filme aufgrund der besseren internationalen Verwertbarkeit in Englisch gedreht werden, ist eine Nachsynchronisation des Tons notwendig. Im Tonstudio werden Sprach- und Geräuschaufnahmen während der Projektion des Films synchron aufgenommen.

Negativ Im Sprachgebrauch das fertig geschnittene Negativ eines Films, das meist zum Herstellen der Kopien dient. Es repräsentiert den Wert eines Films. Negative werden in gesicherten Räumen gelagert und sind hoch versichert. Ohne sie kann keine Kino- oder Sendekopie gezogen werden. Während der Dreharbeiten ist eine Negativ-Versicherung obligatorisch, um das Risiko einer Produktion bei Schäden zu minimieren.

Neger Schwarze Lichtblende, die auch zweckentfremdet als Gedächtnisstütze für vergeßliche Schauspieler eingesetzt wird. In diesem Fall wird sie mit Kreide beschriftet.

Nullkopie Die erste Kopie vom Negativ nach der Endbearbeitung des Films.

Off Off bezeichnet das, was außerhalb des abgelichteten Bildes geschieht. Ist eine Person, die auf der Leinwand nicht zu sehen ist, im Lautsprecher zu hören, so ist sie im Off.

Optische Bank Gerät, das aus einem Projektor und einer Kamera besteht, die synchron laufen. Zur Herstellung von Filmtricks, optischen Kopien und für die Durchführung nachträglicher Korrekturen des Bildausschnittes.

Oscar Jährlich verliehene Auszeichnungen der amerikanischen Academy of Motion Picture Arts and Sciences für herausragende Leistungen im künstlerischen und technischen Filmschaffen, offiziell Academy Award genannt. Der Oscar ist der bedeutendste internationale Filmpreis. Der Auslands-Oscar ging auch schon an deutsche Produktionen.

Perforation Eingestanzte Löcher an den Seiten des Filmstreifens, die den synchronen Transport des Films durch Kamera, Projektor und Bearbeitungsgeräte ermöglichen.

Pilotton Elektrischer Impuls, der bei der Aufnahme von der Kamera auf das Tonband gegeben wird, um später bei der Bearbeitung für Gleichlauf von Bild und Ton zu sorgen.

Playback Bei der Aufnahme wird der zuvor produzierte Ton – oft bei Musik- und Gesangsaufnahmen – zugespielt.

Pre-Production Die Produktionsvorbereitung, die der eigentlichen Drehzeit vorausgeht. Nach Abschluß der Dreharbeiten setzt die Phase der Nachbearbeitung und Endfertigung ein, **Post-Production** genannt.

Schnapsklappe Bei jeder Klappe mit einer Schnapszahl (etwa Bild 3, Einstellung 33) muß ein leitendes Teammitglied eine Runde ausgeben. Wird dies versäumt, kann sich das nachteilig auf die Motivation der Mitarbeiter auswirken. Üblicherweise gilt die 111 als Produzentenklappe, einzulösen mit Champagner.

Schneidetisch Ein Projektions- und Tonbearbeitungstisch für den **Filmschnitt.** In der Regel hat ein Schneidetisch auf jeder Seite drei motorgetriebene Teller. Sie ermöglichen dem Cutter, das Material zu sichten und zu montieren.

Second Unit Bezeichnung für zweites Team, das spezielle Aufgaben erfüllt, etwa Stunt-, Action- oder Special-Effect-Aufnahmen.

Special Effects Sammelbegriff aus dem weiten Bereich der mechanischen und pyrotechnischen Filmtricks.

Storyboard In Comic-Strip-Art liegen im Storyboard die einzelnen Einstellungen des Drehbuchs als Zeichnungen vor. Das Storyboard ist Grundlage für alle Planungsgespräche zwischen Regisseur, Kameramann, Production-Designer und Produzent.

Stuntman Ein Spezialist für Kämpfe, Stürze, Autojagden und andere lebensgefährliche Action-Aufnahmen. Es gibt auch weibliche Cascadeure.

Synchronisieren Für fast alle fremdsprachigen Filme werden in Deutschland die Sprachbänder auf deutsch aufgenommen, das heißt, man legt den Darstellern die deutschen Sätze lippensynchron in den Mund.

Trailer Werbefilm für einen Spielfilm, aus einzelnen Szenen und Höhepunkten montiert. Kurze Trailer werden auch Teaser genannt und einige Zeit vor dem Einsatz des Films in den Kinos vorgeführt.

Verleih Nach Fertigstellung des Films durch den Produzenten vertreibt der Verleih den Film, indem er in seinem Lizenzbereich, z. B. in der Bundesrepublik, Kopien des Films zieht und diese an Kinos vermietet.

Nach der Kinoauswertung eines Films findet in der Regel eine **Video**auswertung statt. Hierbei verkauft der Videoanbieter die konfektionierten Kassetten zu einem Festpreis an die Videotheken.

Zweibandkopie Film und Ton befinden sich auf separaten Trägern. Filme, die allein für die Ausstrahlung durch das Fernsehen vorgesehen sind, liegen in der Regel nur als Zweibandkopien vor.

Register

225

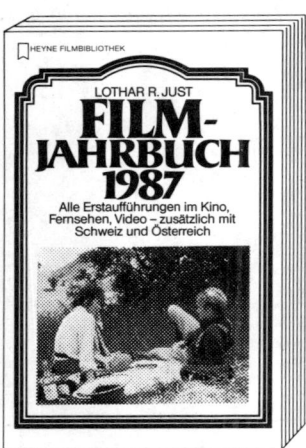